财富认知

如何成为真正有财富的人

紫　云◎编著

山西出版传媒集团　山西人民出版社

图书在版编目（CIP）数据

财富认知：如何成为真正有财富的人 / 紫云编著 .
太原：山西人民出版社，2025. 4. -- ISBN 978-7-203
-13835-8

Ⅰ . F830.59

中国国家版本馆 CIP 数据核字第 2025T6F709 号

财富认知：如何成为真正有财富的人

编　　著：紫　云
责任编辑：张小芳
复　　审：李　鑫
终　　审：贺　权
装帧设计：仙境设计

出 版 者：山西出版传媒集团·山西人民出版社
地　　址：太原市建设南路 21 号
邮　　编：030012
发行营销：0351—4922220　4955996　4956039　4922127（传真）
天猫官网：https://sxrmcbs.tmall.com　电话：0351—4922159
E-mail：sxskcb@163.com　发行部
　　　　　sxskcb@126.com　总编室
网　　址：www.sxskcb.com

经 销 者：山西出版传媒集团·山西人民出版社
承 印 厂：三河市冠宏印刷装订有限公司

开　　本：710mm×1000mm　　1/16
印　　张：10
字　　数：150 千字
版　　次：2025 年 4 月　第 1 版
印　　次：2025 年 4 月　第 1 次印刷
书　　号：ISBN 978-7-203-13835-8
定　　价：49.80 元

如有印装质量问题请与本社联系调换

目 录 CONTENTS

第一章

探索你的财富性格

1.1　发掘你的内在财富潜力

发掘你的内在财富潜力是成为真正有财富的人的第一步。财富不仅仅是金钱的积累，更是思维方式、心理素质和个人能力的综合体现。要想在投资中取得成功，我们必须先了解自己，发掘出自身的财富潜力并加以利用。这一过程不仅需要我们具备一定的财务知识，还需要我们具备较强的心理素质和不断学习的能力。简而言之，发掘你的内在财富潜力，可以从如下几个方面着手。

一、认识和磨砺自己的财富性格是发掘财富潜力的基础

财富性格包括我们在金钱上的态度、行为习惯以及我们处理财富问题的方式。它不仅反映了我们的财务状况，还反映了我们的心理特质和价值观。通过对自己的财富性格进行深入分析，我们可以更清晰地认识到自己的优点和缺点，从而在未来的投资中做出更明智的决策。

首先，对过去的财务行为和投资经历进行评估是了解自身财富性格的第一步。我们可以通过盘点和审视自身过去的财务行为和投资经历，根据自身在不同情境下做出的决策所反映的思维模式来一探自身财富性格的究竟。比如，我们可以把过去的投资记录详尽地罗列出来，看看自己是在何种情况下做出了成功的决策，又是在何种情况下惨遭失败。经过这样一番自省自察，我们可以更清晰地认识到自身财富性格的优点和缺点，从而在未来的投资中避免重蹈覆辙。

其次，培育良好的心理素质对于磨砺自身财富性格起着至关重要的作用。投资市场充满了不确定性，市场波动、经济变化、政策调整等各种外部因素都会影响我们的投资决策。如果我们没有良好的心理素质，就很容易在市场波动中失去冷静思考的能力，无法做出理性的决策。因此，培育良好的心理素质是我们磨砺自身财富性格的重要一环，学会在市场的大风大浪面前保持冷静，不为市场的短期震荡所左右，从而放眼未来，在长期的价值投资中获得可持续的收益。

二、终身学习和保持饥饿是发掘自身财富潜力的关键因素

财富的积累是一个持续学习和不断提升的过程。

首先，市场环境日新月异，新的投资工具和策略层出不穷。如果我们浅尝辄止，满足于现有的小富状态，丧失对新知识和新财富的饥饿感与好奇心，不再更新自身的知识结构，便难以在竞争激烈的投资市场中立于不败之地。

其次，通过持续学习和提升投资能力，我们可以不断拓宽视野，识别和抓住更多的投资机会。例如，学习新的金融科技知识，可以让我们更好地理解和利用最新的金融工具和平台，从而优化投资组合，提升投资回报率。

最后，终身学习不仅能够提升我们的专业技能，还能培养我们的批判性思维和创新能力。这些能力在面对市场波动和不确定性时，能帮助我们做出更加理性和科学的决策，从而降低风险，提高收益。因此，通过终身学习和保持对新知识的饥饿感，我们能够不断挖掘自身的财富潜力，从而在财富积累的道路上走得越来越顺畅。

三、切实可行的行动计划是发掘自身财富潜力的必由之路

没有切实可行的行动计划，任何美好的蓝图终究是黄粱一梦。要发掘自身的财富潜力，抵达自己理想的"财富之城"，需要我们切实做到以下几点。

首先，设定明确的财富目标。这些目标可以是短期的，比如每年的投资收益目标；也可以是长期的，比如退休时的财富积累目标。设定明确的目标

可以帮助我们在投资过程中始终保持方向感，不斤斤计较于一时的得失。

其次，制定相应的投资策略。投资策略应该根据我们的财富性格和目标来制定。如果是风险偏好较高的投资者，不妨选择一些高收益、高风险的投资工具；如果是风险厌恶型的投资者，则可以选择一些稳健的投资工具。此外，投资策略还应考虑到我们的心理素质和学习能力，避免盲目跟风和过度冒险。

最后，不断改进自己的投资策略。财富积累是一个动态过程，市场环境不断变化，我们的投资策略也需要因时而变、顺势而为。定期回顾和评估自己的投资表现，及时修正过时的策略，可以帮助我们始终保持敏锐的市场嗅觉，从而趋利避害，在长期投资中胜出。

四、在发掘自身财富潜力的征程中，时刻警醒自己，以免触犯以下常见的投资大忌

（一）过度自信和一知半解

过度自信的投资者往往存在路径依赖，以为自己一路蹚过来，市场的水到底有多深自己最清楚，但事实上，他们往往高估了自己的经验和见识，低估了市场的"激流险滩"。

由诺贝尔经济学奖得主罗伯特·默顿（Robert Merton）和迈伦·斯科尔斯（Myron Samuel Scholes）等著名金融学家创立的美国长期资本管理公司（Long-Term Capital Management，简称LTCM）惯于运用复杂的金融模型和高杠杆率进行交易，曾经取得巨大的成功。1998年俄罗斯金融危机，这些自负的金融家们仍旧执着于过去的复杂交易策略，以致公司走向破产清算的下场，不得不接受美联储的救助。

美国长期资本管理公司（LTCM）的案例提醒我们，在复杂多变的经济形势面前，保持谦虚谨慎和终身学习的态度，才能提前感知到市场的风向，从而做出正确的决策，防患于未然。

（二）急于求成，奢望一夜暴富

很多投资者有想法、没章法，妄图通过短期投资迅速致富，但人世间的财富积累靠的是脚踏实地，一步一个台阶往上走，怎么能奢望一夜暴富呢？事实是，一夜暴富的急切心态往往导致他们无法正确权衡利弊，从而怀有赌徒心理，做出草率的决策，最终造成巨大的损失。投资是一个滴水穿石的长期运作，比拼的是耐心和毅力。因此，对任何项目进行投资之前，一定要克服急功近利的心理。俗话说"小心驶得万年船"，只有经过充分的调研和分析，才能确保我们未来的投资不会"半道触礁"，从而获得长期稳定的收益。

（三）鸵鸟心态，不敢正视问题

在投资中，不该急的时候不能急，如果看见一点小小的涟漪，就以为要起大风大浪了，这是没见识的表现；但该急的时候一定要急，船到激流险滩处，就要拿出一点正视大风大浪的勇气和行动来。因而，在学习和调研时，我们要有"一万年太久，只争朝夕"的迫切感，尽快搞清楚问题和疑点所在，从而为明智的投资选择提供有力的佐证。简而言之，决策需慎重，谋定而后动；研习要积极，鸵鸟心态要不得。

五、概率思维和遍历性理论是发掘自身财富潜力的"新型盾构机"

投资市场充满了不确定性，大多数时候我们无法准确预测未来的市场走势，但我们可以借助概率思维和遍历性理论来降低风险。遍历性理论告诉我们，随着条件的变化，过去的成功经验并不必然适用于未来。因此，我们的投资策略需要具备足够的灵活性，能够根据市场环境的变化随时进行调整，避免路径依赖和爆仓风险。

投资的核心在于人性。市场周期的背后是人性周期，投资者的心理和情绪在恐惧和贪婪之间来回摆荡，导致市场总是在熊市和牛市之间上下波动。

因此，只有了解人性和市场周期，才能在投资中保持理性，不被市场情绪左右。投资最好的杠杆是知识，财富复利的背后是知识和思想的复利。

总而言之，发掘内在的财富潜力需要我们深入了解自己的财富性格，养成良好的心理素质，不断学习和提升自己的知识和技能。通过设定明确的目标，制定科学的投资策略，并不断改进和调整，方能在财富积累的道路上履险如夷，最终抵达理想的"财富之城"。每个人都有自己的财富潜力，只要我们善于发掘和利用，就一定能够成为真正的财富拥有者。

1.2 认识并分析你的财富性格

发掘你的内在财富潜力是成为真正有财富的人的第一步，而这其中的关键是认识并分析自己的财富性格。财富性格不仅仅是对金钱的态度和行为习惯，还包括心理特质、价值观和个人生活方式。通过分析四种主要的财富性格类型，我们可以更好地理解自己的投资行为和决策模式，从而制定更合适的财富管理策略。

一、四种财富性格类型的特质和行为模式

让我们来探讨四种主要的财富性格类型：谨慎型、冒险型、务实型和理想型。每一种类型都有其特质和行为模式。

（一）谨慎型财富性格

谨慎型财富性格的人通常非常注重风险管理，他们倾向于选择安全性较高的投资工具，如固定收益类产品、储蓄和国债。这类投资者通常具有较强的财务纪律意识和长期规划能力，但有时可能会因过度保守而错失高收益的投资机会。

我们可以通过一个情景来理解谨慎型投资者的行为模式。

有一位名叫刘璐的投资者，他在一家稳定的大公司工作，收入稳定且有一定的储蓄。刘璐非常注重家庭的财务安全，他把大部分的积

蓄都放在银行定期存款和国债中。每当市场出现波动时，他总是选择观望，宁愿牺牲一些潜在收益也不愿冒任何风险。在一次朋友的聚会上，刘璐听说了一种新的高收益投资产品，但经过详细了解后，他还是决定不参与，认为"风险太大，不值得冒险"。这种行为模式充分体现了谨慎型财富性格的特点。

（二）冒险型财富性格

与谨慎型相对的是冒险型财富性格。冒险型投资者对高风险、高收益的投资工具情有独钟，如股票、期货和房地产。他们通常具有较强的市场敏感性和决策果断的特点，但有时也会因为过度冒险而遭遇重大损失。

让我们通过一个具体的例子来更好地理解这种投资行为。

汪华是一位年轻的创业者，她对市场充满信心，喜欢追求高回报的投资机会。她经常参与股票交易，并且喜欢投资新兴市场和初创公司。在一次科技公司的首次公开募股（Initial Public Offering，简称IPO）中，汪华果断地投入了大量资金，尽管这家公司尚未盈利，但她相信未来的高回报。然而，科技股市场的波动让她一度面临巨大的账面损失，但最终，这家公司成功崛起，汪华也因此获得了丰厚的回报。这种投资行为反映了冒险型财富性格的典型特征，即愿意承受短期的波动和风险，追求长期的高收益。

（三）务实型财富性格

务实型财富性格的人则介于谨慎型和冒险型之间，他们在投资时既考虑风险也关注收益，通常选择平衡型的投资组合，包括股票、债券和房地产。这类投资者重视数据分析和市场研究，决策相对理性和稳健。

我们来看一种务实型投资者的情景。

张利是一名中层管理人员，有一定的投资经验和财务知识。他的投资组合中既有稳定的固定收益类产品，也有部分股票和房地产。在市场出现动荡时，张利会根据市场分析和专家建议适度调整投资组合，以确保整体的收益和风险处于可控范围内。一次，张利在经济形势不明朗时，降低了对股票的投资比例，增加了债券和黄金的配置，成功规避了市场的下行风险。这种平衡风险和收益的投资策略是务实型财富性格的典型表现。

（四）理想型财富性格

最后，理想型财富性格的人在投资中更注重社会责任和价值观，他们倾向于选择环境、社会和公司治理（Environmental, Social and Governance，简称 ESG）方面的投资。他们相信，通过投资能够实现社会进步和环境保护，同时也获得经济回报。

李娜是一位关注环保和社会公益的教师，她在投资时优先考虑那些具有良好社会责任和环境保护记录的公司。尽管这些公司的回报率可能不如一些高风险、高收益的企业，但李娜认为，投资不仅仅是为了个人财富增长，更是为了推动社会进步。她曾经投资过一家新能源公司，尽管这家公司在初期发展缓慢，但随着环保意识的增强和政策支持力度的加大，该公司逐渐成为行业龙头，李娜也因此获得了良好的经济回报。这种投资行为体现了理想型财富性格的独特魅力，即通过投资实现个人价值和社会责任的统一。

二、制定适合不同财富性格的财富管理策略

通过分析四种主要的财富性格，我们可以更好地理解自己的投资行为和

决策模式。每一种财富性格都有其独特的优势和不足，了解这些特质可以帮助我们在投资中扬长避短，制定更合适的财富管理策略。

首先，设定明确的投资目标，包括短期和长期的财富积累目标。明确的目标可以帮助我们在投资过程中保持方向感，不至于在市场的波动中迷失方向。

对于谨慎型投资者，虽然他们在风险管理上有优势，但也需要意识到过度保守可能会限制财富增长。因此，可以适度增加一些低风险的股票或混合型基金，逐步提升风险承受能力，以获得更好的长期收益。

对于冒险型投资者，虽然他们在高收益投资上有优势，但也需要警惕过度冒险带来的潜在损失。通过适度配置一些低风险的投资工具，如债券和固定收益产品，可以平衡投资组合的风险，确保整体财务的稳定性。

务实型投资者在平衡风险和收益方面具有优势，但需要不断学习和跟踪市场变化，以及时调整投资策略。保持灵活的投资组合和定期的风险评估，有助于在复杂的市场环境中保持稳健的投资收益。

理想型投资者在社会责任投资方面具有优势，但也需要关注经济回报和投资的可持续性。通过综合考虑社会责任和经济效益，选择那些既肩负社会责任又具有发展潜力的企业进行投资，可以实现理想和现实的平衡。

其次，不断学习和提升自己的投资知识和技能，保持对市场的敏感度和灵活性。通过定期复盘和评估自己的投资表现，及时调整策略，可以在长期投资中获得稳定和可持续的收益。

总之，发掘内在的财富潜力需要我们深入了解自己的财富性格，结合自身特点制定科学的投资策略，并不断学习和提升。通过对四种主要财富性格的分析，我们可以更好地理解自己的投资行为，扬长避短，实现财富的稳步增长。

1.3　把握环境，利用性格优势

在前面的小节中，我们探讨了如何发掘个人的内在财富潜力，并深入分析了四种主要的财富性格：谨慎型、冒险型、务实型和理想型。了解这些性格特质能够帮助我们在投资中做出更为明智的决策。然而，了解自我仅仅是开始，真正的挑战在于如何充分利用自己的性格优势，灵活应对不断变化的投资环境。接下来，我们将探讨如何在不同的市场环境中把握机会，发挥自己的财富性格优势，并通过一些具体的案例来说明这些原理的应用。

我们要认识到，市场环境是不断变化的。经济周期、政策变动、科技进步以及全球事件等都会对市场产生重大影响。不同的市场环境要求投资者采取不同的策略，这就需要我们根据自身的财富性格，灵活调整投资组合。

一、谨慎型投资者的优势

谨慎型投资者在市场动荡时期具有天然的优势，因为他们倾向于选择低风险的投资工具，从而在经济不确定性增加时能够较好地保护资本。然而，在市场上升阶段，谨慎型投资者需要适度调整策略，增加一些高收益的资产以抓住增长机会。

著名的投资人沃伦·巴菲特（Warren E. Buffett）虽然以谨慎和价值投资著称，但他在 2008 年金融危机期间的投资策略展示了灵活应对市场环境的能力。在市场崩溃时，巴菲特选择投资那些他认为被严重低估但具有长期价值的公司，如高盛集团（Goldman Sachs）和通用电气公司（General Electric Company）。通过在市场低迷时大胆买入优质资产，巴菲特不仅保护了资本，还在市场复苏后获得了巨大的回报。

二、冒险型投资者的优势

冒险型投资者在市场上涨阶段往往表现出色，但在市场下行时可能面临较大风险。这类投资者需要学会在市场高峰时适度降低风险敞口，同时在市场低迷时保持信心，利用好低价买入的机会。

中国企业家李斌是一位典型的冒险型投资者。李斌是蔚来汽车（NIO）的创始人，他的投资风格充满冒险精神，敢于在新兴行业中投入巨资，追求潜在的高回报。在蔚来汽车的发展过程中，李斌多次面临巨大的资金压力和市场不确定性，但他始终坚信电动汽车的未来，持续投入大量资金和精力。例如，在蔚来遭遇财务困境和市场质疑时，李斌顶住压力，坚持创新和研发，最终使蔚来成功上市，并在全球电动汽车市场中占据一席之地。这种冒险型的投资风格虽然伴随着高风险，但也带来了巨大的回报，让蔚来汽车成了新兴电动汽车行业的领军企业之一。

三、务实型投资者的优势

务实型投资者在市场中采取平衡的策略，他们会在市场变化时根据数据和分析结果进行适当调整，以保持收益和风险的平衡。这类投资者的优势在于理性和稳健，能够在各种市场环境中保持稳定的表现。

查尔斯·施瓦布（Charles Schwab）是务实型投资者的典型代表。他创立的嘉信理财公司（Charles Schwab Corporation）一直强调低成本和广泛的投资选择，通过提供全面的投资服务，施瓦布在各种市场环境中都能吸引大量投资者。在经济繁荣期，施瓦布增加了股票和高收益债券的投资比例；在经济低迷时，他则增加了固定收益产品和防御性股票的比例，以确保投资组合的稳定性。

四、理想型投资者的优势

理想型投资者在注重社会责任和价值观的同时，也需要在不同市场环境中找到合适的投资标的。通过投资那些既具备良好社会责任和公司治理评分又有经济潜力的企业，他们能够实现社会价值和经济回报的双赢。

比尔·盖茨（Bill Gates）通过比尔及梅琳达·盖茨基金会（Bill& Melinda Gates Foundation）展示了理想型投资者的典范。盖茨基金会不仅投资于高科技和生物科技领域，还积极支持全球健康、教育和可持续发展项目。尽管这些投资的直接经济回报可能不如纯商业投资，但盖茨相信，通过推动社会进步和环境保护，能够实现长期的可持续发展。盖茨的投资策略充分体现了理想型投资者在市场中的灵活应对和长远眼光。

除了这些名人案例，在其他大众的投资场景中，不同类型的投资者亦会根据自身性格优势来应对市场环境。

例如，在一次市场的剧烈调整中，谨慎型投资者可能会选择增加现金和短期债券的比例，以防范进一步的市场下跌；冒险型投资者则可能利用市场恐慌情绪，低价买入被严重低估的股票；务实型投资者会分析当前市场环境，调整投资组合中的股票和债券比例，以保持整体风险和收益的平衡；理想型投资者则会寻找那些在市场调整中仍具备良好社会责任和治理结构的公司，认为这些公司在长期内会有更好的表现。

　　总结来说，把握投资环境并利用性格优势，需建立在了解自己的财富性格的基础之上，并通过制定科学的投资策略来灵活应对市场变化。通过不断学习和调整，充分发挥性格优势，我们可以在财富积累的道路上走得更远，实现自己的财富梦想。

1.4 找到助你财富增长的关键人物

在财富积累和增长的过程中，找到助你财富增长的关键人物至关重要。无论你是刚开始投资的新手，还是已经在投资领域中有所成就的老手，这些关键人物都能提供宝贵的见解、指导和资源，帮助你在财富道路上少走弯路，快速前进。通过与他们建立深厚的关系，你不仅可以获得专业的财务建议，还可以从他们的经验中汲取智慧，从而实现更高效的财富增长。

一、寻找和识别关键人物

在寻找关键人物的过程中，识别他们的角色和作用是第一步。关键人物可以是你的导师、专业顾问、合作伙伴，甚至是同行中的成功人士。了解这些角色的不同功能，有助于你更有针对性地寻找到适合你的财富成长伙伴。

1. **导师和专业顾问**：导师通常是在你所追求的领域中已经取得成功的人，他们拥有丰富的经验和知识，能够为你提供具体的指导和建议。导师不仅可以指导你如何在市场中取得成功，还可以帮助你避开常见的陷阱。专业顾问则可以为你提供专业的理财建议，帮助你制订和执行财务计划。一个好的财务顾问能够根据你的具体情况，提供个性化的投资方案，从而确保你的财富增长更具稳健性。

2. **合作伙伴**：在创业或投资过程中，找到一个志同道合且互补的合作伙伴非常重要。一个好的合作伙伴不仅能够分担工作压力，还能够提供不同的视角和资源，共同推动项目的发展。合作伙伴应该具备与你相同的价值观和目标，同时在技能和经验上能够实现互补，这样才能形成一个强大的团队，共同实现财富目标。

3. **有经验的同行**：同行中的前辈或成功人士，他们的经验和教训对于你来说是非常宝贵的。通过与他们交流，你可以学习到很多实用的技巧和方法，避免走弯路。同行之间的交流不仅能够扩展你的视野，还能够让你了解到行业的最新动态和趋势，从而更好地把握市场机会。

二、建立和维护关系

一旦识别出关键人物，建立并维护与他们的关系是至关重要的。这不仅需要你主动出击，还需要你展示出自己的诚意和能力。同时，关系的建立和维护是一个长期的过程，需要耐心和投入。

1. **主动出击**：寻找关键人物需要主动出击。你可以通过参加行业会议、社交活动、专业培训等方式，扩大自己的社交圈，结识更多有影响力的人物。在这些场合中，不要害羞或退缩，勇敢地介绍自己，展示你的目标和愿景。同时，利用社交媒体平台，如微博、小红书、抖音等，积极与行业内的专家和领袖互动，增加你的曝光率和影响力。

2. **建立信任**：与关键人物建立关系的基础是信任。你需要展示出自己的诚意和能力，让他们看到你是一个值得帮助和合作的人。关系的建立是一个长期的过程，需要耐心和投入，不要急于求成，相信通过真诚的交流和互动，你可以逐渐赢得他们的信任。

3. **保持联系**：一旦建立了关系，就要保持定期的联系。电话、邮件、社交媒体等是保持沟通和互动的几大方式。在有需要的时候，可以寻求关键人物的建议和帮助，同时也要在对方需要的时候给予支持，形成互助互利的关系。定期的交流不仅能够巩固你们的关系，还能够让你不断从他们那里获取新的见解和资源。

三、从关键人物那里学习和成长

与关键人物建立关系后，如何从他们那里学习和成长是关键。关键人物不仅是你的导师和顾问，还是你事业上的支持者和伙伴，他们的经验和智慧是你财富成长的重要资源。

1. **聆听和学习**：与关键人物交流时，要善于聆听，虚心学习。记录他们的建议和经验，并将其应用到自己的实际操作中。同时，不断反思和总结，提升自己的能力。通过聆听他们的故事和经验，你可以更好地理解市场的运作规律，提升自己的投资决策能力。

2. **寻求反馈**：定期向关键人物寻求反馈，了解自己的不足之处，并加以改进。反馈不仅可以帮助你发现问题，还能促进你和关键人物之间的关系。通过持续的反馈和改进，你可以不断优化自己的投资策略，提升自己的财务管理能力。

3. **分享成果**：在取得进展和成就时，与关键人物分享你的成果并感谢他们的帮助和指导。这不仅是对他们的一种尊重，也能让他们看到你的成长和努力。通过分享你的成功经验，你不仅可以激励他们继续支持你，还能够吸引更多的关键人物加入你的财富成长之路中。

四、利用关键人物的人脉网络和资源

关键人物不仅能够直接提供帮助，他们的人脉网络和资源也是你可以间接利用的重要资产。通过他们，你可以接触到更多的专家、投资机会和市场资源。

1. **扩展人脉**：通过关键人物的介绍，你可以结识更多行业内的专家和成功人士，扩展你的人脉网络。广泛的人脉不仅可以为你提供更多的投资机会，还能够让你在市场中获得更大的影响力和话语权。

2. **获取资源**：关键人物通常拥有丰富的资源，包括资金、信息、技术等。通过与他们的合作，你可以更轻松地获取这些资源，并利用他们的资源有效地进行市场分析、项目评估和投资决策，从而实现更高的投资回报，推动你的财富增长。

3．**共同发展**：与关键人物共同发展是实现财富增长的重要途径。通过共同投资、合作项目等方式，你可以与他们形成利益共同体，共同分享财富增长的成果。在合作过程中，你不仅可以学习到他们的成功经验，还能够与他们一起探索新的市场机会，实现共同的财富目标。

找到助你财富成长的关键人物，并与他们建立深厚的关系，是实现财富增长的重要一步。通过与导师、专业顾问、合作伙伴和有经验的同行建立关系，你可以获得宝贵的见解、指导和资源，帮助你在财富道路上少走弯路，快速前进。在建立和维护关系的过程中，要展示出自己的诚意和能力，保持定期的联系，并从关键人物那里学习和成长。同时，利用关键人物的网络和资源，扩展人脉，获取资源，共同发展，保持持续的学习和成长。

1.5　拓展你的财富视野与资源

除了关键人物，在财富积累和增长的过程中，拓展你的财富视野与资源也是很重要的。视野决定了你能看到的机会，而资源则决定了你能抓住这些机会的能力。通过不断拓宽视野和积累资源，你可以在财富增长的道路上取得更大的成功。

一、提升你的财务知识是基础

掌握基本的财务知识可以帮助你更好地理解投资和理财的本质，从而做出更明智的决策。通过阅读财务书籍、参加理财课程或在线学习平台，系统地学习这些知识。在掌握基础知识后，可以选择一个或几个感兴趣的领域进行深入研究，如股票投资、房地产投资、基金管理等。通过深入研究，你可以掌握该领域的最新动态、投资策略和风险管理方法，从而在实际操作中取得更好的成绩。同时，保持对市场动态的关注，通过订阅财经新闻、关注金融博客和社交媒体上的专家意见，获取市场信息，并及时调整投资策略，可以避免因信息滞后而错失良机。

二、获取多样化的资源是拓展财富的重要一步

积极寻找并评估各种投资机会，不仅限于传统的股票和房地产投资，还可以关注创业投资、私募股权、债券、加密货币等新兴投资领域。通过多样

化的投资组合，可以分散风险，实现财富的稳定增长。利用专业的财务和投资服务，如财务顾问、投资分析师、资产管理公司等，可以为你提供高效的支持，帮助你制订和执行财务计划，实现财富目标。通过不断积累，建立一个属于自己的包括财务知识、投资经验、人脉关系等在内的资源库，这些资源可以在你需要的时候为你提供支持，帮助你更好地应对各种挑战，实现财富的持续增长。

三、培养全球视野也是拓展财富的重要手段

在全球化的今天，国际市场的变化对你的财富增长有着重要影响。了解不同国家和地区的经济动态、投资环境、政策变化，可以帮助你更好地把握全球投资机会。通过阅读国际财经新闻、参加跨国投资论坛、与国际投资者交流，培养自己的全球视野。将一部分资金投资于国际市场，可以有效分散投资风险，提升整体收益。例如，购买外国股票、基金，或者投资海外房地产等。跨文化交流也是拓宽视野的重要方式，通过学习外语、了解不同文化背景、参与国际合作项目等，你可以更好地应对跨国投资中的各种挑战。

四、利用科技提高财富管理效率是现代财富积累的必备手段

金融科技的快速发展，为财富管理带来了许多新的工具和方法，如智能投顾、量化投资、区块链技术等。通过应用这些金融科技工具，你可以提高投资决策的效率和准确性，降低投资风险。关注高新技术，投资科技企业的股票或基金，参与科技项目的创业投资，可以带来可观的回报。利用大数据分析工具，对市场趋势、投资机会、风险因素等进行深入分析，做出更加科学和精准的投资决策，不仅可以帮助你提高投资回报，还可以有效地控制投资风险，实现财富的稳定增长。

五、在财富积累和增长的过程中，
保持开放的心态和持续学习的热情也是至关重要的

市场环境不断变化，新兴的投资工具和策略层出不穷，墨守成规可能会错失良机。保持开放的心态，积极探索和尝试新的投资领域，可以帮助你抓住更多的财富增长机会。财富积累是一个不断学习和提升的过程，只有不断更新自己的知识结构，才能应对市场的变化和挑战。通过阅读专业书籍、参加培训课程、与专家交流等方式，可持续提升自己的财务和投资能力，实现财富的长期增长。理论知识固然重要，但只有通过实际操作，才能真正掌握财富管理的精髓。在实践中不断反思和总结经验，可以帮助你更好地理解和应对市场的复杂变化，提高自己的投资决策能力。

第二章

评估你的财富阶段

2.1 财富起始阶段：从债务中解脱

　　财富之路的第一步，就是摆脱债务的束缚。债务不仅限制了你的财务自由，还会带来心理上的压力，使你难以专注于财富的积累。要实现真正的财务独立，首先必须学会如何有效地管理和消除债务。通过以下几个步骤，可以帮助你从债务的重压下解脱出来，开启财富积累的新篇章。

一、了解你的债务状况

　　收集并整理所有的债务信息，包括信用卡债务、个人贷款、学生贷款和其他形式的欠款。列出每一笔债务的金额、利率和还款期限，这样你就可以清晰地看到自己的债务全貌。通过对这些数据的分析，你能更好地了解自己的财务负担，并制订一个有针对性的还款计划。

　　例如，假设你有三笔债务：信用卡欠款 10000 元，年利率 18%；个人贷款 50000 元，年利率 10%；学生贷款 30000 元，年利率 5%。列出这些债务后，你可以发现信用卡债务的利率最高，它是最需要优先偿还的。

二、制定还款优先级

　　制定一个合理的还款优先级是有效管理债务的关键。通常建议是采用"雪崩法"，即先还清利率最高的债务，再逐步转向利率较低的债务，因为高利率的债务会迅速增加你的负债压力。

假设你每月可以拿出 5000 元用于还款，首先应将其用于偿还信用卡债务。按照 18% 的年利率计算，每月的利息约为 150 元，还款 3500 元即可逐步减少本金。几个月后，当信用卡债务清偿完毕，再将 5000 元用于还清利率较低的个人贷款或学生贷款。

另一个策略是"滚雪球法"，即先偿还金额最小的债务，获得心理上的成就感后，再将还款额用于下一笔债务的偿还。这种方法在心理上更具激励作用，可以增强还款的动力。

三、预算管理与开源节流

管理预算是摆脱债务的关键。首先，审视你的收入和支出，找出可以削减的非必要开支，然后通过每月制定预算，并严格按照预算执行，最后实现支出控制，以腾出更多资金用于偿还债务。

例如，如果你每月在外出就餐上花费 1000 元，可以考虑减少外出就餐的次数，改为自己做饭，将节省下来的钱用于还债。或者取消不必要的订阅服务，如流媒体平台或健身房会员，也可以节省一部分开支。

除了削减开支，增加收入也是一个重要手段。寻找兼职工作或发展副业，可以为你提供额外的收入来源。比如，你可以利用周末时间做一些自由职业，如写作、设计或辅导学生等，这些兼职所得收入也可以全部用于偿还债务。

四、心理建设与情绪管理

债务问题不仅仅是经济问题，更是心理问题。面对债务，很多人会感到焦虑和无助，但积极的心态和坚定的决心是解决问题的关键。培养良好的心理素质，学会在压力下保持冷静，避免因情绪波动而做出冲动的财务决策。

可以通过阅读相关书籍、参加财务管理课程或者寻找专业咨询来增强信心。例如，《算法之美》这本书，就详细介绍了如何通过改变心态和行为来摆脱债务的实用方法。

五、避免新增债务

在清偿现有债务的过程中，要尽量避免新增债务。控制信用卡消费，尽量使用现金或借记卡支付。购买大件物品时，提前规划好资金来源，避免依赖贷款。只有在避免新增债务的前提下，你的还款努力才能真正见效。

例如，可以设置信用卡消费限额，每月还清信用卡账单，避免滚动负债。购买大件物品如家具或家电时，考虑通过存款或分期付款，而不是一次性支付，避免增加债务负担。

六、与债权人协商

如果你的债务压力过大，难以按时还款，不妨主动与债权人协商。许多债权人愿意提供灵活的还款计划，降低利率或延长还款期限，以帮助你渡过难关。不要害怕向债权人求助，积极的沟通往往能带来意想不到的解决方案。

例如，可以联系信用卡公司，申请降低利率或延长还款期限。许多银行设有专门的债务协商部门，可以根据你的实际情况提供个性化的还款方案。

七、建立紧急储备

在还清债务的过程中，建立紧急储备也是必要的。设立一个紧急基金，以应对突发状况，如医疗急需或失业。紧急储备可以避免你在遇到突发状况时再次陷入债务危机。通常建议紧急储备的金额应为 3 ~ 6 个月的生活费用。

例如，可以每月存入 500 元到一个独立的紧急基金账户，逐步积累备用金。这样一来，即使遇到突发状况，你也有足够的资金应对，不至于陷入财务困境。

八、庆祝每一个小胜利

还清债务是一个长期过程，不妨在每一个小目标达成时给自己一些奖励。这些奖励不仅可以增强你的动力，还能让你在还债的过程中保持积极的心态。

记住，每一个小胜利都是向着财务自由迈进的一大步。

例如，当你还清一笔债务后，可以给自己买一个小礼物，或安排一次短途旅行作为奖励。这些奖励不必昂贵，但可以带来极大的满足感，激励你继续努力。

九、学习理财知识

我们需要不断学习和提升自己的理财知识。了解更多关于预算管理、投资理财和风险控制的知识，可以帮助你在摆脱债务后更好地管理财富。通过不断学习和实践，你将变得更加理性和成熟，从而避免再次陷入债务困境。

例如，可以参加在线理财课程，阅读《富爸爸穷爸爸》《小狗钱钱》等经典理财书籍，掌握更多的理财技巧和策略。此外，与志同道合的朋友交流，分享经验和教训，也能帮助你不断进步。

2.2 财富初级阶段：个人事业的成长

在摆脱债务之后，下一步就是进入财富积累的初级阶段，即个人事业的成长阶段。这一阶段的重点在于通过职业发展和理财规划来逐步积累财富，为未来的财务自由打下坚实的基础。以下是实现个人事业成长的几个关键步骤和策略。

一、设定明确的职业目标

设定明确的职业目标是个人事业成长的起点。无论你是刚刚开始职业生涯，还是已经有了一定的工作经验，都需要为自己设定短期和长期的职业目标。这些目标不仅能够指引你的职业发展方向，还能激励你不断努力，提升自己的职业素养。

你的短期目标可以是获得一次晋升，长期目标则可以是成为行业内的专家或领导者。设定目标后，你需要制订详细的行动计划，包括学习新技能、获取相关证书、参加行业会议等，从而逐步实现这些目标。

以韩国企业家李健熙为例，他在职业生涯中设定了明确的目标，并通过不断努力实现了这些目标。李健熙是三星集团的前会长，他接手集团后，制定了将三星从一家普通的电子产品制造商转型为全球领先科技公司的目标。接着，他通过引进先进技术、提高产品质量、加强品牌建设等一系列行动，最终使三星集团成了全球电子行业的巨头。

二、持续提升职业技能

在职场中，持续提升职业技能是保持竞争力的关键。随着技术和行业的发展，新的技能和知识层出不穷，只有不断学习，才能与时俱进。你可以通过参加培训课程、在线学习、阅读专业书籍和参加行业研讨会等方式，不断提升自己的专业能力。

如果你是一名软件工程师，可以通过学习新的编程语言、开发工具或项目管理方法等提升自我；如果你是一名市场营销人员，学习数字营销、新媒体运营等新兴领域的知识将会是不错的选择。在不断提升职业技能的过程中，你不仅可以提高工作效率，还能获得更多的晋升和加薪机会。

以著名企业家李书福为例，他的成功离不开不断学习和提升自身技能的努力。李书福是吉利汽车的创始人，他在创业初期并没有接触过汽车制造，但他不断学习并努力钻研，逐渐掌握了从汽车设计、制造到市场营销等多个领域的知识和技能。在他的领导下，吉利汽车不断创新和发展，最终成为全球知名的汽车品牌。

三、建立并扩大人脉网络

在前一章我们也提到过，建立并扩大人脉网络是个人事业成长的重要策略。一个广泛而有价值的人脉网络可以为你提供职业发展的机会、资源和支持。在工作中，你可以通过参加行业活动、加入专业协会和利用社交媒体来建立和维护人脉关系。

我们可以定期参加行业会议和研讨会，与同行交流，分享经验和见解。加入相关的专业协会，不仅可以获得最新的行业信息，还能结识更多的业内人士。在社交媒体上，积极参与行业讨论，分享有价值的内容，展示自己的专业形象，也能帮助你扩大人脉网络。

以领英（LinkedIn）创始人雷德·霍夫曼（Reid Hoffman）为例，他通过建立广泛的人脉网络，不仅成功创办了多个企业，还在风险投资领域取得了巨大的成功。霍夫曼通过积极参与行业活动并与业内人士建立联系，不断扩展自己的人脉网络，从而获得了许多重要的商业机会。

四、管理个人品牌

在职业生涯中，管理好个人品牌同样重要。个人品牌是你在职场中的形象和声誉，影响着你的职业发展和财富积累。通过建立和维护良好的个人品牌，可以提高你在行业内的知名度，从而获得更多的发展机会。

首先，确保你的个人品牌与职业目标一致。例如，如果你的目标是成为行业专家，可以通过发表专业文章、参加行业讲座等方式展示你的专业知识和见解。

其次，保持良好的职业道德和工作态度，树立诚信和可靠的形象。最后，利用社交媒体等平台，定期更新你的职业动态和成果，展示你的专业能力和职业成就。

以日本企业家孙正义为例，他在管理个人品牌方面取得了巨大的成功。作为软件银行集团的创始人兼首席执行官，孙正义通过一系列成功的投资和战略决策，在全球科技行业中树立了卓越的声誉。他通过发表公开演讲、参加国际会议、发布投资策略等方式，不断展示自己的专业能力和远见卓识。此外，孙正义还注重保持良好的职业道德和商业信誉，这使他成为业内备受尊敬的领导者。孙正义的成功故事说明了管理个人品牌的重要性及其对职业发展的巨大影响。

五、制订和执行财务计划

在财富初级阶段，制订和执行财务计划是积累财富的重要步骤。通过合理的财务规划，你可以更好地管理收入和支出，实现财务目标。

首先，制订一个详细的预算计划。预算计划应包括收入、固定支出、可变支出和储蓄目标。通过记录和分析每月的收支情况，你可以了解自己的财务状况，找出可以优化的地方。

其次，投资理财是实现财富积累的重要途径。根据自己的风险承受能力和财务目标，选择适合的投资工具，如股票、基金、房地产等。我们可以通过合理配置资产，分散投资风险，从而实现财富的稳步增长。

投资专家彼得·林奇（Peter Lynch）曾通过仔细研究和分析市场，选择了一些具有增长潜力的股票，最终获得了显著的投资回报。林奇的成功经验表明，通过制定科学的投资策略和合理配置资产，可以实现财富的稳步增长。

六、控制生活成本

控制生活成本是实现财富积累的重要环节。合理的消费习惯可以帮助你节省资金，增加储蓄和投资的金额。

例如，购物时提前制定购物清单，避免冲动消费；选择性价比高的商品，避免购买不必要的奢侈品；合理利用折扣和优惠活动，减少日常开支。此外，通过节能减排，如减少用电、用水等，也可以降低生活成本。

以节俭闻名的亿万富翁沃伦·巴菲特为例，他即使拥有巨额财富，也依然住在几十年前购买的房子里，生活非常节俭。这种理性消费和控制生活成本的行为，帮助他在长期投资中获得了巨大的成功。

七、培养多元收入来源

在个人事业成长阶段，培养多元收入来源可以加速财富积累。除了主业收入，可以通过兼职、副业或投资等方式增加额外收入。

如果你具备写作、设计、编程等技能，可以利用业余时间做一些自由职业项目，以增加收入。或者通过投资理财，如股票、基金、房地产等，也可以获得额外的收益。多元收入来源不仅可以提高你的财务稳定性，还能帮助你更快地实现财富目标。

> 以日本作家村上春树为例，除了写作，他还经营了一家爵士酒吧，后来又投资了房地产。这些多元化的收入来源，不但保证了他的财务稳定性，而且帮助他实现了财富积累的目标。

在财富初级阶段，许多成功人士通过职业发展和财务规划实现了财富积累。

> 以苹果公司创始人史蒂夫·乔布斯（Steve Jobs）为例，他在职业生涯初期，通过不断学习和创新，逐步建立了自己的事业，并实现了巨大的财富积累。乔布斯的成功不仅源于他的技术和创意，还在于他在职业发展和财务管理上的智慧和努力。

从理论上看，职业发展和财务规划是实现财富积累的重要基础。经济学家弗雷德里克·赫茨伯格（Frederick Herzberg）的双因素理论指出，职业成就和个人成长是激励员工的重要因素，可以提高工作效率和职业满意度。心理学家阿尔伯特·班杜拉（Albert Bandura）的自我效能理论强调，通过设定和实现目标，可以增强自我效能感，推动职业发展和财富积累。

在财富初级阶段，通过设定明确的职业目标、持续提升职业技能、建立并扩大人脉网络、管理个人品牌、制订和执行财务计划、控制生活成本和培养多元收入来源，你可以逐步实现个人事业的成长，积累财富，为未来的财务自由打下坚实的基础。

2.3 财富高级阶段：影响市场的力量

进入财富高级阶段，投资者不仅关注个人财富的积累，更追求在更大范围内的影响力。这一阶段，不仅仅是被市场驱动，而是有能力反过来影响市场。通过战略性投资、参与企业治理和社会责任活动，投资者可以在实现财富增长的同时，推动市场的发展和社会的进步。

一、战略性投资：超越简单的收益追求

战略性投资不同于简单的买卖股票或债券，它强调的是对市场和行业的深刻理解，通过资本的投入，推动企业的发展和创新，从而实现长期的回报。

案例

软银的愿景基金

软银愿景基金是一个典型的战略性投资案例。软银通过愿景基金，投资于全球范围内的科技公司，如阿里巴巴、优步和 WeWork（众创空间）等。这些投资不仅带来了可观的财务回报，更重要的是通过资金和资源的支持，推动了科技行业的创新和发展。软银的战略性投资显示出，通过深刻理解行业趋势和选择具有颠覆潜力的企业，可以在实现财富增长的同时，影响整个市场的格局。

二、参与企业治理：从投资者到决策者

在财富高级阶段，投资者往往不仅仅是持有股份，还积极参与企业的治理，影响企业的战略决策和运营模式。

案例

伯克希尔·哈撒韦公司的企业治理

沃伦·巴菲特通过伯克希尔·哈撒韦公司，不仅持有大量的企业股份，还通过董事会席位直接参与企业的治理。例如，在可口可乐公司和美国运通等公司的董事会中，伯克希尔·哈撒韦公司通过积极的股东行动，影响其他公司的重大决策。通过这种方式，巴菲特不仅确保了投资的回报，还通过企业治理，推动了这些公司更加稳健和长远的发展。

三、社会责任型投资：财富与社会的双赢

财富高级阶段的投资者，越来越关注社会责任型投资（Socially Responsible Investing，简称 SRI），即在追求财务回报的同时，注重环境、社会和治理因素（ESG）的影响，通过负责任的投资行为，推动社会的可持续发展。

案例

贝莱德集团的可持续投资战略

全球最大的资产管理公司之一贝莱德集团，近年来大力推动可持

续投资。贝莱德集团的 CEO 拉里·芬克（Larry Fink）在年度致股东信中反复强调，气候变化和社会责任是影响长期投资回报的关键因素。贝莱德集团通过推出一系列 ESG 基金，积极投资于符合可持续发展目标的企业和项目，同时在股东会议中推动被投资企业履行社会责任。通过这种方式，贝莱德集团不仅获得了可观的投资回报，还推动了全球范围内的可持续发展。

四、利用金融工具和技术：提升影响力

金融工具和技术的发展，为财富高级阶段的投资者提供了更多的手段和机会，他们通过创新的金融产品和技术应用，进一步扩大市场影响力。

案例

桥水基金的量化投资

桥水基金作为全球最大的对冲基金之一，以其先进的量化投资策略和强大的数据分析能力著称。桥水基金通过运用复杂的数学模型和计算机算法，分析海量市场数据，制定精细的投资策略。这种量化投资不仅提高了投资的精确性和效率，还在一定程度上影响了市场的交易模式和价格走势。通过技术的应用，桥水基金展示了在财富高级阶段，如何利用先进的金融工具，提升市场影响力。

五、风险管理与应对市场变化

在影响市场的同时，财富高级阶段的投资者也必须具备卓越的风险管理

能力，能够应对市场的各种变化和不确定性。

案例

雷曼兄弟公司与金融危机

雷曼兄弟公司的破产是一个反面教材，显示出在高级阶段如果忽视风险管理的严重后果。在 2008 年金融危机中，雷曼兄弟公司由于过度依赖高杠杆和次级抵押贷款产品，最终导致破产清算，震动全球金融市场。这一案例警示我们，在追求市场影响力的同时，必须时刻保持警惕，建立健全的风险管理体系，确保投资的安全性和可持续性。

财富高级阶段，不仅仅是个人财富的增长，更是通过战略性投资、企业治理、承担社会责任和技术创新，积极影响市场和推动社会进步的过程。成功的投资者在这一阶段，通过深刻的市场洞察力和卓越的决策能力，不仅可以实现财务目标，还能够为整个市场和社会创造更大的价值。在这条道路上，持续学习、灵活应对和责任担当，是实现长期成功的关键。进入财富高级阶段，意味着你已经站在了一个新的高度。在这一阶段，不仅要巩固自己的财富基础，还要学会通过影响市场，创造出更多的财富。

2.4 持续的财富评估与复盘

　　在财富高级阶段，持续的财富评估与复盘不仅是保持财富增长的关键步骤，更是确保投资策略有效性和适应市场变化的重要手段。通过不断评估和复盘，投资者可以在不断变化的市场环境中，优化资产配置，提升投资决策的科学性和准确性。这个过程需要深入分析过去的投资表现、市场变化和策略实施情况，从而为未来的投资决策提供宝贵的经验和数据支持。

一、定期进行财富评估：全方位审视资产组合

　　财富评估的核心在于全面了解个人或机构的资产状况和财务健康状况。定期评估可以帮助你清晰地掌握财富的增长情况，识别出潜在的风险点和改进机会。

（一）资产和负债的综合审视

　　定期检查资产和负债的结构是财富评估的基础。例如，投资者可以通过详细的资产负债表来分析自己的资产分布，包括现金、股票、债券、房地产等不同类型的资产。同时，负债的结构也需要仔细审查，如贷款、信用卡债务等。通过对这些数据的分析，可以了解资产的增长趋势和负债的变化情况，从而评估财务健康状况。

（二）现金流量分析

　　现金流量分析是评估财富状况的另一个重要方面。通过分析个人或企业

的现金流量表，投资者可以了解收入和支出的情况，识别出现金流入和流出过程中的问题。例如，如果发现现金流出现不稳定的趋势，可能需要调整支出结构或增加收入来源。这种分析帮助投资者确保有足够的流动性以应对市场变化和突发事件。

二、投资策略的复盘：总结经验与调整方向

复盘投资策略是确保财富增长的关键。通过总结过去的投资经历、评估策略的有效性，可以优化未来的投资决策。

（一）分析成功和失败的投资案例

复盘的过程包括对成功和失败的投资案例进行深入分析。你可以回顾过去一年中表现最好的投资和最差的投资，详细分析这些投资的背景、市场环境、决策过程和结果，从中总结出成功的因素和失败的教训。比如，如果你发现某项投资在市场上涨期间获得了显著的回报，可能是因为正确的市场预测和及时的买入决策；相反，如果另一项投资因市场下跌而亏损，可能需要检讨风险管理措施和市场判断的准确性。

（二）市场环境的变化

市场环境的变化对投资策略的影响不容忽视。定期复盘时，投资者需要考虑市场经济条件、政策变动、行业趋势等因素。例如，如果经济周期进入衰退阶段，可能需重新评估对风险资产的配置，增加稳健的资产比例。通过分析这些市场变化，投资者可以调整策略，确保投资组合在不同经济周期下仍能保持稳定增长。

三、风险管理与调整：保持投资组合的适应性

风险管理是财富评估与复盘中的重要部分。通过评估和优化风险管理措施，可以在不确定的市场环境中保持投资组合的稳定性。

（一）风险评估与对冲策略

在评估投资组合的风险时，投资者需要考虑多种风险因素，如市场风险、信用风险、利率风险等。通过使用各种风险管理工具和对冲策略，如期权、期货和对冲基金，可以有效降低投资组合的整体风险。例如，如果投资者持有大量的股票，可以通过购买股票期权来对冲市场下跌的风险。这种策略可以在市场波动时保护投资组合的价值。

（二）资产配置的动态调整

资产配置的动态调整是实现长期财富增长的重要手段。投资者需要根据市场变化和个人财务目标，及时调整资产配置。例如，在经济复苏期，可以增加对股票等高风险、高收益资产的投资比例，而在经济衰退期，则可以增加对债券等低风险资产的配置。通过这种动态调整，投资者可以在不同市场环境下实现最优的投资回报。

四、未来规划：设定新的财务目标与策略

财富评估和复盘的最终目的是为未来的投资规划提供支持。通过分析当前的财务状况和投资表现，投资者可以设定新的财务目标，并制订相应的实现计划。

（一）设定短期与长期目标

在进行财富评估与复盘时，设定新的财务目标是必不可少的步骤。短期目标可以包括每年的投资回报率目标、储蓄计划等。长期目标则可以包括退休储蓄、子女教育基金和慈善捐赠等。通过设定具体的目标，可以为未来的投资决策提供明确的方向和动力。

（二）制订实施计划

制订详细的实施计划是实现既定的财务目标的关键。例如，投资者可以制订每月的储蓄和投资计划，定期检查投资组合的表现，并根据市场变化进

行调整。通过这种系统化的实施计划，投资者可以确保在长期内实现财务目标，保持财富的持续增长。

在财富的高级阶段，持续的财富评估与复盘不仅帮助投资者了解当前的财务状况，更通过总结经验、优化策略、管理风险和设定目标，确保在复杂多变的市场环境中，始终保持财富增长的稳定性和可持续性。这一过程要求投资者具备敏锐的市场洞察力、严谨的分析能力和灵活的调整策略，以应对未来的挑战和机遇。

2.5　设定和执行财务计划

设定和执行财务计划是财富积累道路上的重要里程碑。一个科学、详细且切实可行的财务计划不仅能帮助你明确自己的财务目标，还能为你提供实现这些目标的具体步骤和方法。通过设定明确的目标和制订详细的计划，你可以更好地管理财务资源，确保财富的稳定增长。

一、设定明确的财务目标

设定明确的财务目标是财务计划的起点。具体的财务目标可以是短期的（如每月储蓄一定金额）、中期的（如购买一套房产），或长期的（如实现财务自由）。明确的目标可以帮助你在理财过程中保持方向感，不会因为短期的波动和变化而迷失方向。

安娜是一位年轻的自由职业者，她的财务目标是三年内攒够首付款，买一套属于自己的小公寓。她设定了每月储蓄 20% 的收入，并且将每年的年终奖和额外收入全部存入购房基金中。为了实现这个目标，安娜严格控制每月的支出，减少不必要的开销，并且通过增加工作时间和项目数量来提高收入。最终，她不仅在三年内实现了购房目标，还培养了良好的理财习惯。

二、制订详细的行动计划

在明确财务目标之后，制订详细的行动计划是确保目标实现的关键。行动计划应包括具体的步骤、时间节点和必要的资源。例如，如果你的目标是每月储蓄收入的20%，你需要详细规划每个月的支出，并确保有足够的资金用于储蓄。

具体步骤如下。

1. **预算编制**：详细列出每月的固定支出和可变支出，找出可以削减的非必要开销。

2. **收入管理**：增加收入来源，如寻求加薪、兼职工作或投资等。

3. **储蓄安排**：将每月的储蓄目标金额自动转入一个单独的储蓄账户，确保资金不被轻易动用。

> 杨杰是一位刚入职场的年轻人，他的财务目标是两年内还清学生贷款。他制订了详细的预算计划，每个月严格按照预算计划执行，减少不必要的娱乐和购物开支。同时，杨杰利用业余时间从事一些自由职业的项目，增加额外收入。他还利用银行的自动转账功能，每月固定将一笔金额转账到贷款账户。通过严格执行他的财务计划，杨杰在两年内成功还清了所有学生贷款。

三、执行计划中的自律和坚持

执行财务计划需要强大的自律和坚持。在执行过程中，你可能会遇到各种挑战和诱惑，如突发的财务需求或市场波动。在这些突发状况下，你需要保持冷静，坚持既定的计划，避免因一时的冲动而偏离目标。

马丽是一位职场女性，她的财务目标是建立一个紧急备用金，相当于六个月的生活费用。在执行计划的过程中，马丽遇到了几次家庭紧急情况，需要动用部分备用金，但她坚持每月按时存入固定金额，并尽快补足被动用的部分。她还学会了通过调整预算和减少不必要的开支来应对突发情况，确保财务计划的持续执行。

四、记录和跟踪财务状况

记录和跟踪你的财务状况是确保计划顺利执行的有效方法。通过记录收入、支出和储蓄情况，你可以清晰地了解自己的财务健康状况，及时发现并解决潜在的问题。你可以使用财务软件、手机应用或简单的记账本，记录每一笔账目的收入和支出情况，并定期总结分析，找出可以改进的地方。

唐穆是一位小企业主，他利用一款财务管理软件记录每日的收入和支出，并每周进行总结分析。通过对财务数据的分析，唐穆发现了一些不必要的支出，如过高的办公用品费用和不必要的广告开支。他及时调整了这些支出，并将节省下来的资金投入更有价值的项目中，显著提高了企业的盈利能力。

五、寻求专业建议

寻求专业的财务建议可以为你的财务计划提供更多保障。财务规划师或理财顾问可以根据你的个人情况，提供专业的建议和指导，帮助你制订更加科学和有效的财务计划。例如，他们可以帮助你优化投资组合，降低风险，提高收益，从而更快地实现财务目标。

李莎是一位高收入的专业人士，但她对投资和理财了解不多。她决定寻求一位理财顾问的帮助。理财顾问根据李莎的财务状况和目标，帮助她制订了一个全面的投资计划，包括股票、债券和房地产等多种资产。通过专业的指导，李莎不仅分散了投资风险，还在较短的时间内实现了资产的稳步增长。

六、定期回顾和调整计划

财务计划不是一成不变的。随着生活状况和市场环境的变化，你需要定期回顾和调整你的财务计划，确保它始终适应你的需求和目标。每季度或每半年进行一次全面的财务评估，及时调整不恰当的新策略，确保你的财务计划始终有效。

麦可是一位中层管理人员，他的财务目标是五年内积累足够的资金用于孩子的大学教育。在执行计划的过程中，麦可定期进行财务评估，根据家庭收入和支出的变化，及时调整储蓄和投资策略。一次经济衰退期间，麦可发现他的投资组合受到影响，收益下降。他立即与理财顾问商量，调整了投资方向，转向更稳健的投资工具，确保了教育基金的安全增长。

总之，设定和执行财务计划是一个动态的过程，需要明确的目标、详细的计划、持续的执行、自律的态度、专业的建议以及定期的回顾和调整。通过科学的财务计划，你可以有效地管理你的财务资源，实现财富的稳步增长，最终达到财务自由。

第三章

财富的加速阶段

3.1 加速财富增长的有效策略

在财富的积累过程中，进入加速阶段是每个投资者都梦寐以求的目标。在这个阶段，财富的增长速度将显著提高，但这也要求我们采取更为积极和有效的策略。接下来我们将通过一些具体案例来探讨这些策略，并深入分析如何在实践中应用。

约翰·坦普尔顿（John Templeton）是全球著名的投资家，他在事业初期，利用杠杆工具借贷投资于被低估的股票，最终实现了巨大的财富增长。坦普尔顿以其敏锐的市场洞察力和果断的投资决策而闻名。他在 1939 年第二次世界大战爆发时，借贷 1 万美元，投资于纽约证券交易所所有每股价格低于 1 美元的股票，结果这些股票的价值在战后大幅度上升，使他获得了丰厚的回报。坦普尔顿的成功在于他能够识别市场中的关键增长点，并且敢于在他人恐惧时"贪婪"，通过合理使用杠杆工具，实现了财富的快速积累。

另一个例子是杰夫·贝索斯（Jeff Bezos），亚马逊公司的创始人。贝索斯在创立亚马逊公司时，将公司的重心放在了电子商务这个新兴市场上，并通过不断创新和扩展业务领域，实现了公司的快速成长。在早期，贝索斯通过大量借贷和吸引投资，迅速扩大了亚马逊公司的业务规模。他不仅专注于图书销售，还逐步扩展到电子产品、服装和云计算等领域。贝索斯的成功不仅在于他识别并利用了电子商务这一关键增长点，还在于他不断优化公司的业务模式，通过技术创新和高效管理，实现了公司利润的持续高速增长。

接下来，我们看看投资大师彼得·林奇的例子。作为富达麦哲伦基金的经理，林奇以其卓越的选股能力和稳健的投资策略著称。在他的管理下，麦哲伦基金的资产从1977年的1800万美元增长到1990年的140亿美元，年均复合增长率高达29%。林奇的成功在于他能够深入研究企业，发现那些具有高成长潜力的公司，并长期持有这些股票。他强调"投资你所知道的"原则，鼓励投资者在熟悉的领域寻找投资机会，并通过持续的市场分析和调研，优化投资组合，实现了基金的长期稳健增长。

通过这些具体的案例，我们可以总结出几种加速财富增长的有效策略。

1. **明确目标和制订计划是基础。**没有明确的目标和计划，财富增长将缺乏方向和动力。目标应是具体、可衡量、可实现，并具有挑战性的。计划则应包括详细的行动步骤和时间表，以确保你能够按部就班地实现目标。

2. **识别和利用关键财富增长点至关重要。**每个市场都有其独特的增长点，识别并利用这些增长点可以帮助你快速积累财富。例如，在股票市场中，技术股和成长型公司的股票通常具有较高的增长潜力；在房地产市场中，快速发展的区域和城市新区往往是投资的热点。通过深入研究和市场分析，找出这些关键增长点，并及时调整投资组合，可以实现财富的快速增长。

3. **优化资产配置是实现财富加速增长的有效途径。**资产配置是指将投资分散到不同的资产类别中，以降低风险并提高回报。在加速阶段，我们应更加注重高风险、高回报的资产，如股票、创业投资和房地产等。同时，也要保持一定比例的低风险资产，以确保整体投资组合的稳定性。例如，可以将70%的资产投资于高增长潜力的股票和房地产，将30%的资产投资于债券和储蓄，以实现风险和收益的平衡。

4. **利用杠杆和信贷工具也是实现财富加速增长的有效手段。**杠杆是指通过借贷资金进行投资，以扩大投资规模和回报。例如，通过贷款购买房产，可以在支付少量首付款的情况下获得整套房产的收益；通过融资购买股票，可以在自有资金的基础上获得更多的投资收益。然而，杠杆投资也伴随着较高的风险，必须谨慎使用，确保有足够的偿还能力和风险控制措施。

5. **增加收入来源是加速财富增长的另一个重要策略。**单一的收入来源往往无法满足快速增长的需求，因此我们需要通过多元化收入来源来实现财富的加速增长。例如，除了主要工作收入，可以通过投资股票、房地产、创业等途径获得额外收入；还可以利用自己的专业技能和兴趣，开展副业和兼职工作，增加收入来源。

6. **不断学习和提升自己的投资能力也是实现财富加速增长的关键。**市场环境和投资工具不断变化，只有不断学习和更新知识，才能在激烈的市场竞争中保持优势。通过阅读专业书籍、参加投资培训课程、与专家交流等方式，提升自己的投资知识和技能，可以帮助你更好地把握市场机会，实现财富的加速增长。

在这一节中，我们通过具体的案例分析和理论支撑，探讨了加速财富增长的有效策略。这些策略包括明确目标和制订计划，识别和利用关键财富增长点，优化资产配置，利用杠杆和信贷工具，增加收入来源，以及不断学习和提升投资能力。在接下来的章节中，我们将深入探讨每一种策略的具体应用方法，帮助你在财富的加速阶段实现更大的成功。

3.2 识别和利用关键财富增长点

在财富的加速阶段，识别和利用关键的财富增长点是实现快速积累的核心策略。财富的增长并非均匀分布于各个领域和时段，而是集中在一些特定的机会和时刻。能够识别并把握这些增长点，往往决定了一个投资者能否在短时间内实现财富的倍增。接下来我们将通过丰富的理论知识和具体案例，进一步深入理解这一策略的实际应用和背后的逻辑。

一、新兴市场和行业通常具有较高的增长潜力，能够为投资者带来丰厚的回报

近年来，科技行业、环保产业和健康医疗领域的迅速发展，吸引了大量投资者的关注。通过深入研究和市场分析，投资者可以发现这些新兴市场和行业的增长点，并及时布局，抓住机遇，实现财富的快速增长。科技行业一直是一个高增长的领域。随着互联网的普及和技术的不断进步，科技公司在过去几十年里实现了爆炸性的增长。例如，苹果、谷歌和亚马逊等公司在其发展早期就展现出了巨大的增长潜力。投资者如果能够在这些公司刚起步时识别出其潜力，并进行投资，就能在其高速发展过程中获得丰厚的回报。

在新兴市场和行业中，投资者需要特别关注行业的生命周期理论。根据这一理论，行业的发展可以分为导入期、成长期、成熟期和衰退期。在导入期和成长期，行业通常具有较高的增长潜力，市场需求快速增加，企业的盈利能力也迅速提升。这一阶段是投资的黄金时期，因为行业的快速发展能够

带来显著的资本增值。例如，早期的互联网行业和当前的新能源行业都处于这一阶段，投资者可以通过投资这些行业的领先企业，实现财富的快速增长。

二、高成长性企业通常具有较强的创新能力和市场竞争力，能够在较短时间内实现快速增长

投资者可以通过财务报表分析、市场调研和行业比较等方法，识别出具有高成长潜力的企业，并进行投资。彼得·林奇在其著作《彼得·林奇的成功投资》中提到，他成功投资的许多企业都是在早期发现的高成长性企业。高成长性企业的一个典型特征是其在市场中的迅速扩展能力和不断增长的市场份额。投资者应关注这些企业的市场表现和增长前景，特别是那些在行业中处于领先地位并具有创新能力的企业。

在识别高成长性企业时，投资者可以运用波特的五力分析模型（Porter's Five Forces Analysis）来评估企业的竞争环境和成长潜力。这一模型包括五个方面：供应商的议价能力、买方的议价能力、潜在进入者的威胁、替代品的威胁以及行业内竞争的激烈程度。通过对这五个方面的深入分析，投资者可以更好地理解企业在市场中的竞争地位和成长潜力，从而做出更加明智的投资决策。

三、技术创新是推动经济和社会发展的重要力量，颠覆性技术能够改变行业格局，创造新的市场机会

技术创新方面诸如互联网、大数据、人工智能和区块链等技术的发展，为投资者提供了丰富的投资机会。通过关注和投资于这些颠覆性技术，投资者可以在技术变革中获取巨大的财富增长。颠覆性技术的出现往往会引发整个行业的变革。例如，智能手机的普及彻底改变了通信和互联网行业，使得相关公司的股票价值大幅度上升。投资者应密切关注科技领域的最新发展，识别出那些有潜力颠覆现有市场的技术，并在其发展初期进行投资。

在评估颠覆性技术时，投资者可以借鉴克莱顿·克里斯坦森（Clayton M.

Christensen）提出的"颠覆性创新理论"。根据这一理论，颠覆性创新通常起源于新兴市场或边缘市场，通过提供更便宜、更便捷或更个性化的产品或服务，逐渐取代传统市场中的主流产品。投资者可以通过关注那些具备颠覆性潜力的初创企业或新兴技术，提前布局，获取技术变革带来的巨大收益。

四、市场周期和宏观经济趋势对投资具有重要影响，不同阶段的市场周期和经济环境会带来不同的投资机会

投资者可以通过对市场周期和宏观经济趋势的研究，识别出有利的投资时机，并适时调整投资组合。例如，在经济复苏阶段，股票市场和房地产市场通常会表现较好；在经济衰退阶段，固定收益类产品和黄金等避险资产则会成为较好的投资选择。了解市场周期和宏观经济趋势需要投资者具备一定的经济学知识和市场分析能力。通过研究经济指标、政府政策和市场动态，投资者可以更好地把握市场的波动，找到最佳的投资时机。

在分析市场周期和宏观经济趋势时，投资者可以运用经济周期理论（Business Cycle Theory）和凯恩斯主义经济学（Keynesian Economics）等理论工具。经济周期理论将经济活动分为扩张、顶峰、收缩和低谷四个阶段，每个阶段都有其独特的市场特征和投资机会。凯恩斯主义经济学则强调政府政策对经济活动的影响，投资者可以通过研究政府的财政政策和货币政策，预测市场的未来走势，做出相应的投资决策。

五、全球化的发展使得跨国投资成为实现财富增长的重要途径

不同国家和地区的经济发展水平和市场环境各不相同，投资者可以通过国际市场的研究和分析，发现全球范围内的投资机会。例如，新兴市场国家的经济增长速度较快，往往能够提供较高的投资回报；发达国家的稳定市场环境和完善的法律体系，则能够为投资者提供相对安全的投资选择。全球市场投资不仅可以分散风险，还可以捕捉到更多的增长机会。投资者应关注全球经济动态，了解不同国家和地区的市场特点和投资环境，选择适合自己的

投资标的。

在进行跨国投资时，投资者可以运用国际投资组合理论（International Portfolio Theory）和国际资本资产定价模型（International Capital Asset Pricing Model）等理论工具。这些工具可以帮助投资者评估不同国家和地区的投资风险或收益，优化全球投资组合，最大限度地提高投资回报率。

通过以下案例，我们可以更好地理解这些策略的实际应用。

> 许先生是一位资深投资者，他在2010年发现了中国互联网行业的巨大增长潜力。当时，互联网用户数量迅速增长，电子商务和社交媒体等新兴业务模式层出不穷。许先生通过深入研究，选择了一些具有高成长性的互联网公司进行投资，如阿里巴巴和腾讯。随着这些公司的快速发展，许先生的投资获得了巨大的回报，实现了财富的快速增长。
>
> 关女士是一位技术投资专家，她在2015年注意到人工智能技术的崛起，并认为这将是未来的重要发展方向。关女士通过广泛阅读相关书籍、参加行业会议、与专家交流，不断提升自己的专业知识和投资能力。她选择了几家具有颠覆性技术和高成长潜力的人工智能公司进行投资，如谷歌和特斯拉公司。随着人工智能技术的不断发展和应用，这些公司的股价也随之大幅度上涨，关女士的投资获得了丰厚的回报。

通过这两个案例，我们可以看到，识别和利用关键财富增长点是实现财富快速积累的关键。投资者需要不断学习和提升自己的市场分析能力，关注新兴市场和行业、发掘高成长性企业、关注技术创新和颠覆性技术、利用市场周期和宏观经济趋势，以及关注全球市场和跨国投资机会。

3.3 评估和优化资产配置

资产配置不仅仅是简单的投资分散，更是一种通过科学的策略来平衡风险和收益的方法。通过合理的资产配置，投资者可以在各种市场环境中实现财富的持续增长。接下来，我们将深入探讨资产配置的理论基础，并结合具体案例，展示如何在实际操作中评估和优化资产配置。

资产配置的核心理念是分散投资风险，通过将资金分散投资于不同类型的资产，如股票、债券、房地产和现金等，来降低单一资产波动对整体投资组合的影响。现代资产组合理论（Modern Portfolio Theory，简称 MPT）由哈里·马科维茨（Harry Markowitz）提出，成为资产配置的理论基石。根据 MPT，通过构建一个包含不同资产类别的多元化投资组合，可以在保持一定预期收益的同时最大限度地降低风险，或者在承担一定风险的情况下实现收益最大化。

一、资产类别的特性和市场表现

资产配置的第一步是了解和评估不同资产类别的特性和市场表现。股票通常具有较高的预期收益和较高的波动性，是风险较高的投资；债券则提供较为稳定的固定收益，风险相对较低；房地产具有保值增值的功能，同时也能产生租金收入；现金和现金等价物虽然收益较低，但流动性强，能够提供安全的避风港。在进行资产配置时，投资者需要根据自身的风险承受能力、投资期限和财务目标，选择适合的资产类别组合。

举个例子，假设赵先生是一位40岁的中层管理人员，拥有一定的储蓄和投资经验。他希望在未来20年内实现财务自由，并能够应对退休后的生活需求。赵先生的风险承受能力中等，对短期市场波动有一定的容忍度。根据这些信息，他可以选择如下的资产配置策略：将50%的资金投资于股票市场，以期获得高回报；将30%的资金投资于债券市场，提供稳定的固定收益；将15%的资金投资于房地产市场，既能保值增值又能产生租金收入；将5%的资金留作现金，以应对突发的财务需求和市场机会。

在选择具体的股票投资时，赵先生可以进一步优化投资组合，通过多样化的股票选择来降低单一股票波动的风险。例如，他可以将股票投资分散在不同行业和不同国家的优质公司上，包括科技、医疗、金融和消费品等行业，以及美国、中国、欧洲等主要市场。通过这种方式，即使某个行业或地区的股票表现不佳，整体投资组合仍能保持较为稳定的增长。

除了股票，投资者还可以利用债券的多样性来优化投资组合。债券市场包括政府债券、企业债券和市政债券等多种类型，风险和收益各不相同。投资者可以根据自己的风险偏好和收益目标，选择不同类型的债券进行投资。例如，政府债券的风险通常较低，适合作为防御性资产配置；企业债券则具有较高的收益，但风险也相对较大，适合在经济稳定或上升期进行投资。

房地产投资也是资产配置中的重要组成部分。投资者可以通过直接购买房产或投资房地产信托基金（Real Estate Investment Trust，简称 REIT）等方式进入房地产市场。房地产市场受经济周期、政策变化和区域发展等多种因素影响，投资者需要进行详细的市场调研和风险评估，以选择合适的投资标的。

现金和现金等价物虽然收益较低，但在资产配置中起着重要的"安全垫"作用。现金可以为投资者提供流动性，帮助他们应对突发的财务需求和市场机会。投资者应根据自身的流动性需求，适当配置一定比例的现金和现金等价物，如货币市场基金和短期存款。

二、优化投资组合

在实际操作中，投资者需要定期评估和调整资产配置，以应对市场环境的变化和个人财务目标的调整。例如，随着赵先生年龄的增长并逐渐接近退休，他的风险承受能力逐渐降低，可以逐步减少股票投资比例，增加债券和现金的配置，以确保退休后的财务安全。此外，市场环境的变化也可能影响资产的风险和收益特性，投资者需要根据市场动态及时调整投资组合。例如，在经济衰退期，投资者可以增加避险资产的配置，如政府债券和黄金；在经济复苏期，则可以增加高风险、高收益资产的配置，如股票和企业债券。

在全球化的今天，跨国投资也是优化资产配置的重要手段。不同国家和地区的经济周期和市场环境各不相同，跨国投资可以有效分散风险，捕捉更多的增长机会。投资者可以通过国际市场的研究和分析，选择适合的跨国投资标的，并在全球范围内优化资产配置。例如，投资者可以将部分资金投资于新兴市场国家的股票和债券，以获取较高的增长潜力；同时，也可以投资于发达国家的优质资产，以实现稳定的收益。

在资产配置的过程中，投资者还可以利用各种金融工具和投资产品来优化投资组合。例如，交易型开放式指数基金（Exchange Traded Fund，简称ETF）是一种广泛应用的投资工具，能够为投资者提供低成本、多样化的投资选择。通过投资不同类型的 ETF，投资者可以轻松实现股票、债券、房地产等多种资产类别的分散投资，从而优化整体资产配置。

通过科学的资产配置，投资者可以在各种市场环境中平衡风险和收益，实现长期稳定的财富增长。在实际操作中，投资者需要根据自身的风险承受能力、投资期限和财务目标，选择适合的资产类别组合，并定期评估和调整投资组合，以应对市场环境的变化和个人财务目标的调整。

3.4 利用杠杆和信贷智能增长

杠杆和信贷工具的巧妙运用可以显著放大投资收益。然而，杠杆和信贷工具的使用也伴随着较高的风险，因此需要投资者具备足够的知识和谨慎的策略。通过理论支持和实际案例分析，我们可以深入探讨如何智能地利用杠杆和信贷工具，实现财富的快速增长。

一、理论基础方面关于杠杆的探讨

杠杆是指通过借贷资金进行投资，以扩大投资规模和回报。在现代金融市场中，杠杆的应用非常广泛，包括股票交易中的保证金交易、房地产投资中的抵押贷款、企业融资中的债务融资等。使用杠杆的关键在于通过借入资金来增加投资本金，从而在资产升值时获得更高的收益。

现代金融理论中的资本结构理论（Capital Structure Theory）由弗兰科·莫迪利亚尼（Franco Modigliani）和默顿·米勒（Merton H. Miller）提出，认为在无税和无交易成本的假设下，公司的价值不受其资本结构的影响。然而，在实际市场中，税收和交易成本的存在使得杠杆融资具有实际意义。债务融资的利息支出通常可以在税前扣除，从而减少企业的税负，提高股东回报率。

二、实际操作方面关于杠杆的运用

杠杆的核心在于放大收益和风险。在股票市场中，投资者可以通过保证金交易借入资金进行股票购买。当股票价格上涨时，投资者不仅能获得自有资金部分的收益，还能获得借入资金部分的收益，从而显著提高投资回报率。假设投资者自有资金为 10 万元，通过保证金交易借入 10 万元，总共投资 20 万元购买某只股票。如果股票价格上涨 10%，投资者的总资产将变为 22 万元，其中 2 万元的收益相对于其自有资金而言，收益率高达 20%。

然而，杠杆的使用也伴随着巨大的风险。如果股票价格下跌，投资者不仅要承担自有资金部分的损失，还要偿还借入资金及其利息，可能导致更大的财务压力。因此，投资者在使用杠杆时必须谨慎，合理评估市场风险，并设定止损点以控制损失。

在房地产投资中，杠杆的应用更加普遍和成熟。抵押贷款是房地产投资中最常见的杠杆工具。通过抵押贷款，投资者可以支付少量的首付款，借入大部分购房款，从而放大投资规模。房地产市场的升值使得投资者能够在出售房产时获得远高于初始投入的收益。例如，假设投资者以 20% 的首付款购买一套总价 100 万元的房产，通过抵押贷款借入 80 万元。如果房产价格上涨10%，总价升至 110 万元，投资者的收益为 10 万元，相对于其自有资金 20万元而言，收益率高达 50%。

不过，在房地产投资中，杠杆的使用同样需要谨慎。房地产市场的波动性较大，政策变化、经济周期等因素都会影响房价走势。投资者需要对市场进行详细的调研和评估，选择合适的投资时机和标的。同时，合理安排贷款结构，确保有足够的还款能力，以应对潜在的市场下行风险。

企业融资中的杠杆运用也非常重要。通过债务融资，企业可以在不稀释股东权益的情况下，获得大量资金用于扩展业务、研发新产品或进行并购。资本结构理论中的权衡理论（Trade-off Theory）指出，企业需要在债务融资带来的税收利益和债务风险之间找到平衡点，以实现公司价值最大化。适度的杠杆可以提高企业的资本利用效率，增加股东回报率，但过高的杠杆可能导致财务困境和破产风险。

为了更好地理解杠杆的实际应用，我们来看两个具体的案例。

前文我们提到过的著名投资人彼得·林奇在其投资生涯中，曾多次使用杠杆工具来放大投资回报。他在管理富达麦哲伦基金时，通过借贷资金进行股票投资，使基金资产从 1977 年的 1800 万美元增长到 1990 年的 140 亿美元，实现了年均 29% 的复合增长率。林奇的成功在于他能够准确识别市场机会，并合理利用杠杆工具，提高投资收益。

另一个著名的案例是黑石集团（Blackstone Group）的私募股权投资。黑石集团通过杠杆收购（Leveraged Buyout，简称 LBO），以少量自有资金和大量借贷资金，收购了多家具有良好增长潜力的企业。在企业收购后，通过管理改进和业务整合，黑石集团极大地提升了企业价值，并在适当时机退出投资，从而获得了巨额回报。例如，黑石集团在 2007 年以 265 亿美元收购希尔顿酒店集团，并在 2013 年希尔顿上市后，实现了超过 100 亿美元的收益。

在实际操作中，投资者在使用杠杆时需要注意以下几点。

1. **合理评估风险承受能力。**杠杆的使用可以放大收益，但也会增加风险。投资者应根据自身的财务状况、市场预期和风险偏好，选择适当的杠杆比例。过高的杠杆可能会导致财务困境，而过低的杠杆则无法充分发挥资本的潜力。

2. **设定明确的投资目标和退出策略。**在使用杠杆工具进行投资时，投资者需要设定明确的投资目标和退出策略。例如，股票投资中的止损点设定，可以帮助投资者在市场不利时及时止损，避免更大的损失。房地产投资中的还款计划安排，可以确保投资者有足够的现金流应对贷款偿还，降低财务压力。

3. **利用多样化的杠杆工具。**市场上存在多种杠杆工具，投资者可以根据不同的投资需求选择适合的工具。例如，股票市场中的保证金交易、房地产市场中的抵押贷款、企业融资中的债务融资等，都是常见的杠杆工具。通过多样化的杠杆工具，投资者可以分散风险，提高投资组合的稳定性。

4. **保持持续的学习和市场关注。**杠杆投资需要投资者具备较高的市场敏感度和专业知识。通过持续的学习和市场关注，投资者可以更好地把握市场机会，合理使用杠杆工具，实现财富的快速增长。例如，通过阅读金融书籍、参加投资培训课程、与专业人士交流等方式，投资者可以不断提升自己的投资能力和风险管理水平。

在全球化和金融市场不断发展的今天，杠杆和信贷工具的使用越来越普遍。投资者在利用杠杆工具时，既要看到其带来的巨大收益潜力，也要充分认识到其潜在的风险。通过科学的策略和谨慎的操作，投资者可以在财富的加速阶段，实现更高的投资回报，迈向财富自由的目标。

3.5 让收入来源多元化

在财富的加速增长阶段，单一的收入来源往往不足以满足投资者快速积累财富的需求。多元化收入来源不仅可以提高整体收益，还能有效分散风险，增强财务的稳定性。通过合理规划和多元化的投资策略，投资者可以在不同市场环境中保持收益增长，并应对各种不确定性。

多元化收入来源的基础在于不同收入来源之间的互补性。不同类型的投资在收益和风险方面存在差异，通过将资金分散到多个投资领域，投资者可以在某一项投资表现不佳时，通过其他投资获得补偿。多元化投资的理论基础可以追溯到资产组合选择理论（Portfolio Selection Theory），这一理论由哈里·马科维茨提出，主要强调通过多元化投资来降低投资组合的整体风险。

一、股票投资是实现收入多元化的重要途径之一

股票市场提供了多种投资机会，从蓝筹股到成长股，从国内市场到国际市场，投资者可以根据自身的风险承受能力和收益目标，选择适合的股票进行投资。蓝筹股通常代表大型稳定公司的股票，具有较为稳定的收益和较低的风险；成长股则代表新兴行业和快速发展的公司的股票，具有较高的增长潜力和较高的风险。通过将资金分散投资于不同类型的股票，投资者可以在获取高收益的同时，降低单一股票波动带来的风险。

在投资股票时，除了传统的个股投资，投资者还可以通过指数基金（Index Funds）和交易所交易基金（Exchange Traded Fund，简称ETF）实现多元化

投资。这些基金通常追踪特定市场指数，如标普 500 指数或纳斯达克指数，通过投资于一篮子股票，实现更广泛的市场覆盖和风险分散。例如，投资者可以购买一只追踪标普 500 指数的 ETF，这样就可以间接持有 500 家大型公司的股票，分散个股风险，并享受整体市场增长的收益。

二、房地产投资是另一个重要的多元化收入来源

投资者可以通过直接购买房产或投资房地产信托基金（REIT）等方式进入房地产市场。房地产市场受经济周期、政策变化和区域发展等多种因素影响，投资者需要进行详细的市场调研和风险评估，以选择合适的投资标的。

对于房地产投资，投资者可以采用房产租赁和房产翻新两种策略。房产租赁是指购买房产后，通过出租获取长期稳定的租金收入；房产翻新则是指购买需要修缮的房产，通过翻新提高其市场价值，随后出售获取资本增值。这两种策略各有优缺点，租赁收入较为稳定，但需要持续管理；翻新则风险较高，但回报也可能更大。投资者可以根据自身的风险偏好和市场状况，选择适合的策略。

三、固定收益类投资也是多元化收入的重要组成部分

固定收益类投资包括政府债券、企业债券和市政债券等，这些投资通常提供较为稳定的收益，风险相对较低。通过将部分资金投资于固定收益类产品，投资者可以在市场波动时获得一定的安全保障。

固定收益投资的一个重要理论基础是债券定价理论（Bond Pricing Theory）。根据这一理论，债券的价格取决于未来现金流的现值，即未来利息和本金的折现值。投资者在选择债券时，可以根据债券的到期收益率（Yield to Maturity）、信用评级和市场利率等因素进行评估和选择。通过投资高评级的政府债券和企业债券，投资者可以在降低风险的同时，实现稳定的收益增长。

四、除了股票和房地产，
创业投资和私募股权投资也是多元化收入来源的重要途径

创业投资和私募股权投资通常涉及高风险、高回报的项目，通过投资具有巨大增长潜力的初创企业和未上市的公司，投资者可以在这些企业快速成长时获得丰厚的回报。然而，这类投资也伴随着较高的风险，需要投资者具备较强的市场洞察力和风险管理能力。

创业投资和私募股权投资的理论基础包括风险资本理论（Venture Capital Theory）和私募股权理论（Private Equity Theory）。根据这些理论，初创企业和未上市公司通常具有高成长性和高风险，通过投资于这些企业，投资者可以在企业成功上市或被并购时，实现资本增值。投资者需要对目标企业进行详细的调查，评估其商业模式、管理团队、市场前景等因素，以降低投资风险。

五、投资者还可以通过副业和兼职工作增加收入来源

利用自己的专业技能和兴趣，开展副业和兼职工作，不仅可以增加收入，还能提升个人能力，拓展社交圈子。例如，温先生是一位全职会计师，但他在业余时间通过在线平台提供财务咨询服务，每年增加了不少额外收入。这样的副业不仅增强了他的财务状况，还提高了他的专业能力和市场竞争力。

六、在全球化和信息化的背景下，
跨国投资和线上投资也成为多元化收入的重要渠道

通过投资国际市场和参与线上平台的投资项目，投资者可以捕捉全球范围内的投资机会，进一步分散风险，实现收益最大化。例如，投资者可以通过投资国际指数基金，参与全球股市的增长，或通过P2P借贷平台，获得较高的利息收入。

全球市场的多样性为投资者提供了丰富的选择。

苏先生是一位国际投资者，他的投资组合包括美国、欧洲和亚洲的股票和债券，通过这种全球多元化的投资策略，苏先生在不同市场周期中保持了投资组合的稳健增长。与此同时，他还通过参与 P2P 借贷平台，实现了较高的利息收入，进一步增强了财务稳定性。

七、多元化收入来源的另一个重要方面是被动收入

被动收入是指不需要持续主动工作即可获得的收入，如租金收入、股息收入和知识产权收入等。被动收入的理论基础包括被动收入理论（Passive Income Theory）和现金流理论（Cash Flow Theory）。通过建立稳定的被动收入来源，投资者可以在享受生活的同时，实现财务自由。

林女士是一位作家和投资者，她通过出版书籍和投资房地产，建立了稳定的被动收入来源。她每年从书籍销售和房产租金中获得可观的收入，使她无须依赖全职工作也能保持良好的生活品质。林女士的成功经验表明，通过合理规划和多元化的投资策略，每个人都可以建立自己的被动收入来源，实现财务自由。

在接下来的章节中，我们将探讨从项目到流程的全面财富管理策略，帮助投资者更系统地实现财富增长和财务自由。通过不断学习和实践，投资者可以在多元化收入的基础上，构建一个全面、稳健的财富增长体系，迈向更高的财务目标。

第四章

从项目到流程：实现财富增长

4.1 创建和优化有效的财富流程

在财富的加速增长阶段，仅仅依靠良好的投资策略和多元化收入来源是不够的。为了实现持续和稳定的财富增长，建立和优化有效的财富管理流程至关重要。在现代经济环境中，实现财富增长不仅依赖单个项目的成功，更需要通过系统化的流程管理来确保持续的财富积累和增长。创建和优化有效的财富流程是每个投资者和企业家必须掌握的重要技能。本章将探讨如何从项目管理转向流程管理，确保财富增长的稳定性和可持续性。

一、理解财富流程的重要性

财富流程是指从资源获取、投资决策到收益管理的一系列系统化步骤。这些步骤包括但不限于资金筹集、项目筛选、投资执行、风险管理以及收益分配。相比于孤立的项目管理，流程管理强调系统性、连续性和可重复性，从而在长期内提高效率和收益。

通过优化财富流程，投资者能够更好地应对市场波动、分散风险、捕捉机遇，并在不同经济周期中保持竞争力。此外，系统化的流程有助于规范操作，减少人为错误，提高投资的透明度和可追溯性。

二、创建有效的财富流程

要创建一个有效的财富流程，首先需要明确流程的各个关键环节，并制定详细的操作步骤。以下是创建财富流程的几个关键步骤。

（一）目标设定与规划

设定明确的财富目标是创建财富流程的第一步。明确的财富目标是财富管理流程的核心和起点。不同的人有不同的财富目标，这些目标可能包括退休规划、子女教育基金规划、房产购置规划、创业资金规划等。只有明确了财富目标，才能制订相应的财务计划，并通过科学的流程管理来实现这些目标。

在制定财富目标时，投资者可以采用 SMART 原则，即目标应具体的（Specific）、可衡量的（Measurable）、可实现的（Achievable）、有相关性的（Relevant）和有时限的（Time-bound）。例如，如果你的目标是为子女积累教育基金，可以设定在未来 15 年内积累 100 万元的具体目标，然后制订相应的投资和储蓄计划。

（二）资金筹集与管理

资金是财富流程的基础。确定资金来源是关键的一步，这包括自有资金、银行贷款、投资人资金等。在资金筹集完成后，建立完善的资金管理制度至关重要。资金管理制度能够确保资金使用的规范性和透明度，主要包括预算编制、资金分配和成本控制等。

有效的资金管理可以确保每一笔资金的利用最大化，减少浪费和不必要的开支，提高投资收益率。同时，资金管理制度也有助于防范财务风险，保证资金流动的安全和稳定。

（三）项目筛选与评估

在资金到位后，选择合适的投资项目是实现财富增长的关键。项目筛选需要设定明确的标准，包括风险承受能力、收益预期和投资期限等。设定标准后，进行尽职调查是必不可少的一步，其中包括对项目的市场前景、财务状况、竞争环境等进行全面评估。

通过严格的项目筛选和评估，可以减少投资失误，提高项目的成功率。尽职调查不仅可以发现项目的潜在价值，还可以提前识别和规避风险，为后续的投资管理打下良好基础。

（四）投资执行与管理

在筛选和评估项目后，进入投资执行阶段。制订详细的投资计划，包括投资金额、投资方式和投资期限等，是确保投资顺利进行的前提。投资管理过程中，需要定期跟踪项目的进展情况，根据市场变化和项目实际情况，及时调整投资策略。

进行投资执行和管理需要投资人具备高度的专业性和灵活性。通过科学的管理和及时地调整，可以最大限度地发挥项目潜力，确保投资目标的实现。同时，投资管理也是控制风险的重要手段，能够在项目出现问题时及时采取措施，减少损失。

（五）风险管理与控制

在财富流程中，风险管理贯穿始终。识别和评估风险是风险管理的第一步，包括市场风险、操作风险、法律风险等。根据风险评估结果，制定相应的风险控制措施，如分散投资、购买保险、设置风险预警等。

有效的风险管理可以提高投资的稳定性和可持续性。通过科学的风险管理，可以在风险发生前做好预防，在风险发生时及时应对，在风险发生后将损失降到最低以保护投资者的利益。

（六）收益管理与分配

财富流程的最终目标是实现收益。收益管理包括收益的获取、分配和再投资等。通过科学的收益管理，可以确保收益的最大化和持续增长。收益分配需要考虑公司、家庭的发展和需要，以及投资者的回报期望，做到公平合理。

收益管理也是财富积累的重要环节。通过合理的再投资，可以实现财富的滚动增长，进一步扩大资产规模和提高收益水平。科学的收益管理和分配可以提高投资者的满意度和忠诚度，为公司和投资者的长期合作打下良好基础。

（七）持续优化与改进

财富流程不是一成不变的。随着市场环境和自身情况的变化，持续优化和改进流程是必要的。定期评估流程的有效性，发现问题并及时改进，可以不断提高流程的效率和效果。

通过持续的优化和改进，可以保持财富流程的先进性和适应性，提高财富增长的稳定性和可持续性。持续优化不仅是提高投资效率的重要手段，也是实现财富长期积累的保障。

我们可以通过一个具体的案例来看看个人的财富流程。

江先生是一位成功的企业家，他在事业发展过程中积累了大量财富。为了实现财务自由和财富传承，江先生决定建立一套系统的财富管理流程。他首先明确了自己的财富目标：在10年内实现财务自由，为子女储备足够的教育基金，并捐赠部分财富用于慈善事业。

接下来，江先生制订了详细的财务计划，包括收入、支出、储蓄和投资的具体安排。他采用零基预算法，对每一项支出进行详细规划，确保资金利用效率。为了监控财务计划的执行情况，江先生建立了科学的监控机制，每月对收入、支出和投资情况进行审查，及时发现和纠正偏差。

在风险管理方面，江先生对市场风险、信用风险和流动性风险等主要风险因素进行了识别，通过分散投资、设置止损点和购买保险等措施，降低了投资风险。为了确保充足的现金流，江先生建立了现金流管理机制，定期分析现金流量表，合理安排收入和支出，保持正向现金流。

在税务规划方面，江先生利用各种税收优惠政策，进行合理的税收筹划，降低了税负，提高了净收益。最后，江先生通过定期的内部审计和外部审计，检查财务状况，确保财富管理流程的有效性和规范性。

通过科学的财富管理流程，江先生不仅实现了财富的持续增长，还确保了财务的安全和稳定。在实际操作中，投资者需要根据自身的财务状况和财富目标，制定和优化财富管理流程，通过系统化和规范化的管理，实现财富的长期增长。

4.2 乘数效应：放大你的财富

在财富加速增长的过程中，利用乘数效应是实现财富迅速积累的一个重要策略。乘数效应是指通过合理配置资源和策略性投资，使得财富能够在较短时间内成倍增长。理解并应用乘数效应，投资者可以显著提高投资回报率，加速财富积累。

乘数效应的理论基础可以追溯到经济学中的货币乘数理论（Money Multiplier Theory）。货币乘数理论解释了银行系统中的货币是如何通过存款和贷款的循环增加的。类似的，在投资领域，乘数效应通过不同的投资工具和策略，使得资金在多个层面上产生复利效果，从而实现财富的快速增长。

一、复利效应是乘数效应的重要组成部分

复利效应是指投资收益再投资，收益产生新的收益，从而使得投资回报呈指数级增长。爱因斯坦曾说："复利是世界第八大奇迹。"通过长期持有并不断再投资，复利效应可以显著增加投资者的财富。

举个例子，假设投资者孙先生以每年 10% 的复利回报率投资 10 万元。第一年，孙先生的投资收益为 1 万元，第二年，孙先生再投资这 1 万元，使得本金变为 11 万元，第二年的投资收益为 1.1 万元，如此循环。经过 10 年，孙先生的投资将增至约 25.94 万元，年均回报率的复利效应使得孙先生的财富在 10 年内增长了 2.59 倍。

在实际操作中，投资者可以通过定投和再投资策略，最大化复利效应。

定投是指定期投资固定金额，无论市场行情如何，通过长期持有实现复利增长。再投资策略是将投资收益继续投资，而不是取出消费。通过这两种策略，投资者可以充分利用复利效应，加速财富积累。

二、杠杆效应是实现乘数效应的另一个重要手段

杠杆效应是指通过借贷资金进行投资，以扩大投资规模和回报。尽管前文已讨论过杠杆在投资中的重要性，但在乘数效应的背景下，杠杆的作用尤为突出。杠杆不仅能够放大投资收益，还能通过多层次的资金循环，进一步提高回报率。

例如，投资者曹女士通过银行贷款 50 万元，加上自有资金 50 万元，共计投资 100 万元于房地产市场。如果房地产价格上涨 10%，曹女士的总资产将变为 110 万元，除去偿还贷款的部分，她的净资产增加了 10 万元，相对于其自有资金而言，收益率高达 20%。曹女士正是通过杠杆效应使投资回报率实现了倍增。

在利用杠杆效应时，投资者需要注意风险控制和资金管理。过高的杠杆比例可能导致财务压力和投资风险，因此，合理评估自身的风险承受能力和市场状况，选择适当的杠杆比例，是实现乘数效应的关键。

三、多元化投资也是实现乘数效应的重要策略

前文所提的多元化投资就是通过将资金分散投资于不同的资产类别和市场，使得投资者可以在降低单一资产风险的同时，提高整体回报率。多元化投资不仅可以平滑市场波动，还能捕捉不同市场和行业的增长机会，实现更高的复合回报。

例如，郭先生是一位资深投资者，他的投资组合包括股票、债券、房地产和私募股权等多种资产。通过合理配置和动态调整，郭先生在不同市场环境下实现了稳健的复合回报。特别是在市场波动较大的时期，多元化投资帮

助郭先生分散了风险，稳定了收益。

在多元化投资中，投资者可以采用资产配置模型（Asset Allocation Model）来优化投资组合。资产配置模型基于现代投资组合理论，通过数学模型和算法，确定不同资产类别的最优配置比例。投资者可以根据自身的风险偏好和投资目标，选择适合的资产配置模型，实现收益最大化和风险最小化。

四、利用被动收入来源是另一个实现乘数效应的方法

被动收入是指不需要持续主动工作即可获得的收入，如租金收入、股息收入和知识产权收入等。被动收入不仅可以增加财富积累的速度，还能为投资者提供稳定的现金流，实现财务自由。

通过投资于高股息股票和债券，投资者可以定期获得股息和利息收入，将这些收入继续投资于高回报的资产，形成良性循环。例如，投资者沈女士持有一组高股息股票，总市值约为100万元，每年平均股息收益率为5%。因此，她每年可以获得5万元的股息收入。这些收入不仅足以覆盖其日常生活开支（约4万元），还剩余1万元。沈女士将这1万元继续投资于股市，利用复利效应带来财富的增长。经过几年，这部分再投资的资金逐步增加，带来的股息收入也逐年增长，实现了财富的快速积累和稳定增长。

五、创新和创业也是实现乘数效应的重要途径

创新和创业不仅能创造新的收入来源，还能带来巨大的财富增值机会。通过投资于初创企业和创新项目，投资者可以在企业快速成长的同时获得丰厚的回报。

举个例子，冯先生是一位成功的企业家，他通过投资多个高科技初创企业，实现了显著的财富增长。尽管一些初创企业未能成功，但通过分散投资和风险管理，他在成功的项目中获得了数倍甚至数十倍的回报。冯先生的成功经验表明，通过创新和创业，每个投资者都有可能实现财富的快速积累。

六、跨国投资和线上投资也为实现乘数效应提供了广阔的空间

在全球化和信息化的背景下，通过投资国际市场和参与线上平台的投资项目，投资者可以捕捉全球范围内的投资机会，进一步放大财富增长。

例如，杜女士是一位国际投资者，她的投资组合包括美国、欧洲和亚洲的股票和债券，通过全球多元化的投资策略，杜女士在不同市场周期中实现了稳健的复合回报。与此同时，她还通过参与P2P借贷平台，实现了较高的利息收入，进一步增强了财务稳定性。

乘数效应是实现财富快速积累的重要策略。通过利用复利效应、杠杆效应、多元化投资、被动收入来源、创新和创业等多种手段，投资者可以显著提高投资回报率，加速财富积累。在实际操作中，投资者需要根据自身的财务状况、风险承受能力和市场环境，制定合适的投资策略。

4.3　财务管理：财富增长的应用

在财富的加速增长阶段，财务管理起着至关重要的作用。有效的财务管理不仅能帮助投资者实现目标，还能最大化财富增值并降低投资风险。通过科学的财务管理，投资者可以制订合理的预算计划、进行资产配置、优化税务、管理债务和现金流，从而实现财富的稳健增长。接下来，我们将探讨财务管理的各个方面，并通过一个长篇模拟事例，详细展示财务管理在实际中的应用。

首先，财务管理的基础在于预算管理。预算管理是指对收入和支出的规划和控制，通过制订合理的预算计划，投资者可以确保资金的高效利用，避免过度消费和不必要的支出。零基预算法（Zero-Based Budgeting，简称 ZBB）是一种有效的预算管理方法，要求每一项支出都必须有具体的理由和规划，而不是简单地根据以往的支出情况进行调整。

其次，资产配置是财务管理的核心。资产配置是指将投资资金分散在不同的资产类别中，以降低风险并提高回报率。根据我们之前提到的现代投资组合理论（Modern Portfolio Theory，简称 MPT），合理的资产配置可以在预期收益一定的情况下最大限度地降低风险，或者在承担一定风险的情况下实现收益最大化。

税务优化也是财务管理的重要组成部分。通过合理的税务规划，投资者可以减少税负，增加净收益。税务优化包括利用税收优惠政策、进行税收筹划和管理税务风险等方面。投资者需要了解并利用各种税收优惠政策，如税收抵免、税收减免和延期纳税等，通过合理的税务筹划，降低税负，实现财富最大化。

债务管理在财务管理中同样重要。合理的债务管理可以帮助投资者利用杠杆效应放大收益，但过度的债务可能导致财务风险。因此，投资者需要合理评估自身的债务承受能力，制订还款计划，并保持良好的信用记录。

现金流管理是财务管理的关键环节。有效的现金流管理可以确保投资者在任何时候都有足够的现金应对日常开支、紧急情况和投资机会。投资者需要建立科学的现金流管理机制，合理安排收入和支出，保持正向现金流。

为了更好地理解财务管理在实际中的应用，我们来看一个详细的模拟事例。

模拟事例

董先生的财务管理之路

董先生今年45岁，是一家中型企业的高管，年收入约为50万元人民币。他的妻子秦女士是一名教师，年收入约为20万元人民币。他们有两个孩子，一个在高中，另一个在小学。董先生夫妇目前拥有一套价值400万元的住房和一辆价值30万元的汽车。家庭每月的固定支出包括房贷1.5万元、车贷0.5万元、生活费2万元和教育费用1万元。此外，董先生夫妇每年还有10万元的旅游和娱乐支出。

董先生希望在10年内实现财务自由，并为孩子们准备好教育基金。为此，他决定通过系统的财务管理来实现这一目标。

预算管理

董先生首先进行了全面的家庭预算分析，采用零基预算的方法，对每一项支出进行详细规划。他发现每月的固定支出占家庭收入的60%，剩余40%的收入可以用于储蓄和投资。董先生决定每月将20%的收入（约1.4万元）用于储蓄，20%的收入（约1.4万元）用于投资。

资产配置

董先生接下来制订了详细的资产配置计划。根据他的风险承受能力和财务目标，他决定将投资资金分散在以下几个方面。

股票投资：董先生将50%的投资资金（每月0.7万元）投资于股票市场。他选择了一些稳定的蓝筹股和具有高增长潜力的成长股，并通过定投的方式，每月固定购买股票，以实现复利增长。

债券投资：董先生将30%的投资资金（每月0.42万元）投资于政府债券和高评级的企业债券，以获得稳定的利息收入，并降低整体投资组合的风险。

房地产投资：董先生将10%的投资资金（每月0.14万元）投资于房地产市场。他通过购买房地产信托基金（REIT），参与房地产市场的增长，并获得租金收益。

现金储备：董先生将10%的投资资金（每月0.14万元）用于现金储备，以应对紧急情况和市场机会。

通过合理的资产配置，董先生实现了投资组合的多元化，降低了单一投资的风险，提高了整体回报率。

税务优化

为了减少税负，董先生进行了详细的税务规划。他利用了各种税收优惠政策，如个人所得税专项附加扣除政策，包括子女教育、继续教育、大病医疗、住房贷款利息和住房租金等方面的扣除。此外，董先生还通过购买符合政策要求的商业健康保险和养老保险，进一步降低了税负。

债务管理

董先生在债务管理方面也进行了详细的规划。他根据家庭的收入和支出情况，制订了合理的还款计划，确保每月按时还款，并避免过度负债。董先生还保持良好的信用记录，以便在需要时能够顺利获得贷款。

现金流管理

董先生建立了科学的现金流管理机制，每月定期分析家庭的现金流情况，确保收入和支出的平衡。他通过建立应急储备基金，确保家庭在遇到紧急情况时有足够的现金应对。此外，董先生还定期审查投资组合的表现，及时调整投资策略，以确保现金流的稳定和增长。

通过系统的财务管理，董先生不仅实现了家庭财务的稳健增长，还逐步接近了实现财务自由的目标。他每年对财务计划进行一次全面审查，及时发现并纠正偏差，不断优化财务管理流程。

4.4　专注与创新：开拓新的财富领域

在财富加速增长的过程中，专注与创新是关键驱动力。投资者通过探索新兴财富领域，如高新技术、可再生能源、数字货币和区块链，可以获得显著的投资回报。这些领域不仅代表了未来的发展方向，还提供了多样化的投资渠道和机会。接下来，我们将深入解析这些创新财富领域，并探讨如何通过不同的投资渠道实现财富增长。

一、高新技术

高新技术是推动经济和社会发展的重要引擎。近年来，信息技术、人工智能、生物技术和材料科学等领域的迅猛发展，为投资者提供了丰富的投资机会。高新技术的核心在于其高成长性和变革潜力，这使得它成为投资者关注的焦点。

高新技术领域的理论基础包括技术生命周期理论（Technology Lifecycle Theory）和创新扩散理论（Diffusion of Innovations Theory）。技术生命周期理论认为，技术的发展会经历导入期、成长期、成熟期和衰退期四个阶段，每个阶段的市场特性和投资机会不同。创新扩散理论则研究新技术和产品在市场中的扩散过程，强调早期采用者和市场导向的重要性。通过这些理论，投资者可以更好地把握高新技术的投资机会。

投资渠道

1. 科技股投资：投资者可以通过购买科技公司的股票，直接参与高新技术领域的增长。选股时，可以关注那些具有核心技术、强大研发能力和市场领先地位的公司。例如，苹果、谷歌、亚马逊等公司在其发展早期就展现出了巨大的增长潜力。通过投资这些公司的股票，投资者可以享受高新技术带来的高回报。

2. **科技基金**：投资者还可以通过科技基金（如 ETF）分散投资于一篮子科技公司。科技基金通常包含多家科技公司的股票，降低了单一公司风险的同时，也捕捉了整体科技行业的增长。例如，纳斯达克 100 指数基金（QQQ）涵盖了众多领先的科技公司，是一种广受欢迎的科技基金投资选择。

3. **初创企业和风投**：对于风险承受能力较高的投资者，可以考虑投资科技初创企业和风险投资基金。这类投资通常伴随着较高的风险，但成功的项目回报也非常可观。例如，投资者可以通过参与风投基金，间接投资于具有高成长潜力的科技初创企业。初创企业在其发展初期，通常具有较强的创新能力和市场潜力，通过风投基金，投资者可以分享初创企业成长带来的高额回报。

二、可再生能源

可再生能源是应对全球气候变化和能源危机的重要解决方案。太阳能、风能、水能和地热能等可再生能源技术的进步，使其逐渐具备商业化应用的条件。随着技术进步和政策支持，可再生能源产业拥有极为广阔的发展前景，为投资者提供了丰富的投资机会。

可再生能源领域的理论基础包括能源经济学（Energy Economics）和可持续发展理论（Sustainable Development Theory）。能源经济学研究能源供需、能源市场和能源政策等问题，能够为可再生能源方面的投资提供理论支持。可持续发展理论则强调经济、社会和环境的协调发展，主张推动绿色经济和低碳经济的发展。通过这些理论，投资者可以更好地了解可再生能源市场的动态和投资机会。

投资渠道

1. **可再生能源公司股票**：投资者可以购买可再生能源公司的股票，直接参与这一领域的增长。例如，特斯拉公司（Tesla）不仅在电动汽车领域表现出色，还在太阳能和储能领域有重要布局。其他如第一太阳能（First Solar）、Vestas 风力系统（Vestas Wind Systems）等公司也提供了良好的投资机会。

2．**可再生能源基金**：类似于科技基金，投资者可以通过购买可再生能源基金（如 ETF）分散投资于多家可再生能源公司。例如，iShares Global Clean Energy ETF（ICLN）涵盖了多家全球领先的可再生能源公司，提供了一种低风险的投资方式。通过投资于可再生能源基金，投资者可以分散风险，捕捉整个行业的增长。

3．**绿色债券**：绿色债券是用于资助环境友好项目的债券，包括可再生能源项目。投资者通过购买绿色债券，不仅可以获得稳定的利息收入，还能支持环保事业，实现财务和社会效益的双赢。例如，世界银行和各国政府发行的绿色债券，为投资者提供了可靠的投资选择。绿色债券市场的增长，反映了全球对环境保护和可持续发展的重视，投资者可以通过绿色债券，实现长期稳定的收益。

三、数字货币

数字货币，如比特币和以太坊，正在改变传统金融体系。数字货币具有去中心化、透明和安全的特点，吸引了大量投资者的关注。然而，数字货币市场波动较大，投资风险较高，需要投资者具备较高的风险承受能力和市场敏感度。

数字货币领域的理论基础包括密码学（Cryptography）、分布式账本技术（Distributed Ledger Technology，简称 DLT）和去中心化金融理论（Decentralized Finance Theory）。密码学为数字货币的安全性提供技术支持，分布式账本技术实现了数据的去中心化存储和管理，去中心化金融理论探索了区块链技术在金融领域的应用和创新。通过这些理论，投资者可以更好地理解数字货币的技术和市场动态。

投资渠道

1．**直接购买数字货币**：投资者可以通过数字货币交易所（如 Coinbase、

Binance）直接购买比特币、以太坊等数字货币。这种方式风险较高，但也可能带来高回报。直接购买数字货币，需要投资者对市场动态有深刻的理解，并具备较强的市场敏感度。

2. **数字货币基金**：对于风险承受能力较低的投资者，可以通过购买数字货币基金（如 Grayscale Bitcoin Trust）间接投资数字货币。数字货币基金通过专业管理，帮助投资者分散风险，获得稳定的回报。通过数字货币基金，投资者可以避免直接交易的复杂性和风险，享受数字货币市场的增长。

3. **数字货币矿业公司股票**：投资者还可以购买数字货币矿业公司（如 Riot Blockchain、Marathon Digital Holdings）的股票。这些公司通过挖矿获取数字货币，提供了一种间接参与数字货币市场的方式。通过投资数字货币矿业公司，投资者可以分享矿业公司的收益，降低直接投资数字货币的风险。

四、区块链

区块链技术作为数字货币的底层技术，具有广泛的应用前景。区块链不仅可以用于金融领域，还可以应用于供应链管理、智能合约和去中心化金融（DeFi）等多个领域。区块链技术的去中心化、透明和安全特性，使其在各行各业中得到了广泛应用。

区块链领域的理论基础包括分布式系统理论（Distributed Systems Theory）和智能合约理论（Smart Contract Theory）。分布式系统理论研究分布式系统的设计和实现，智能合约理论探索区块链技术在自动化合约执行中的应用。通过这些理论，投资者可以更好地理解区块链技术的机制和应用前景。

投资渠道

1. **区块链技术公司股票**：投资者可以购买专注于区块链技术研发和应用的公司股票。例如，IBM 和微软等公司在区块链技术方面有重要布局，其股票具有较高的投资价值。通过投资区块链技术公司股票，投资者可以分享这些公司的技术进步和市场增长。

2. **区块链基金**：投资者还可以通过购买区块链基金（如 Reality Shares

Nasdaq NexGen Economy ETF）分散投资于多家区块链技术公司。这种方式不仅降低了单一公司风险，还能捕捉整体区块链行业的增长。区块链基金的多元化投资策略，帮助投资者分散风险，获得稳定回报。

3．去中心化金融（DeFi）项目：DeFi 是区块链技术在金融领域的重要应用，投资者可以通过参与 DeFi 项目，获得数字货币和区块链技术带来的高回报。例如，通过参与流动性挖矿和借贷平台，投资者可以获得丰厚的利息收入和代币奖励。DeFi 项目的投资，需要投资者具备较强的技术理解和风险管理能力。

4.5 实践与案例分析：
让财富多维扩展

通过实际案例分析和具体的实践经验，投资者可以更好地理解财富管理的策略和方法，从而实现财富的多维扩展。以下是几个知名的实践案例和金融实验，这些案例不仅展示了成功的财富管理策略，还为投资者提供了宝贵的经验和教训。

一、具体案例分析

案例一

耶鲁大学捐赠基金

耶鲁大学捐赠基金（Yale Endowment Fund）是世界上最成功的大学捐赠基金之一，其管理策略被广泛研究和借鉴。耶鲁大学捐赠基金在过去几十年中实现了卓越的投资回报，这主要得益于其独特的投资策略和资产配置模型。

策略与实践

耶鲁大学捐赠基金的成功秘诀在于其多元化的资产配置和长期投资视角。该基金由大卫·斯文森（David F. Swensen）管理，他采用了一种名为"耶鲁模型"的投资策略。耶鲁模型强调投资组合的高度多元化，包括传统资产（如股票和债券）和另类资产（如私募股权、不动产和对冲基金）。

耶鲁模型的核心在于通过广泛的资产类别分散投资风险，并通过长期持有高收益资产实现财富增值。例如，耶鲁大学捐赠基金在1985—2020年的年均回报率达到10.9%，远高于大多数其他大学捐赠基金。

投资渠道与工具

股票和债券：耶鲁大学捐赠基金投资于全球股票市场和高质量债券，通过传统资产实现稳定回报。

私募股权：该基金大量投资于私募股权，包括早期风投、成长型基金和杠杆收购基金。私募股权投资通常具有高回报潜力，但流动性较差。

不动产：耶鲁大学捐赠基金还投资于不动产，通过持有商业地产、住宅地产和土地等资产实现长期增值。

对冲基金：通过对冲基金，耶鲁大学捐赠基金可以利用市场中性策略、套利策略和全球宏观策略等，获得稳定收益并降低整体投资组合的波动性。

案例二

哈佛大学捐赠基金

哈佛大学捐赠基金（Harvard Management Company，简称HMC）也是一个备受瞩目的大学捐赠基金，其管理策略和投资实践具有重要的参考价值。尽管哈佛大学捐赠基金在某些年份表现不如耶鲁大学，但其长期投资策略仍然显示出较强的稳健性。

策略与实践

哈佛大学捐赠基金的投资策略包括高度多元化的资产配置和动态的风险管理。HMC 注重在全球范围内寻找优质的投资机会，并通过积极管理和动态调整投资组合来应对市场变化。哈佛大学捐赠基金的长期目标是通过多样化的投资实现高回报，同时保持较低的风险水平。

投资渠道与工具

全球股票和债券：哈佛大学捐赠基金投资于全球范围内的股票和债券市场，通过地域和行业的多元化降低风险。

另类投资：类似于耶鲁大学捐赠基金，哈佛大学也大量投资于私募股权、不动产和对冲基金。这些另类投资在提升回报的同时，也增加了投资组合的多样性。

商品和自然资源：哈佛大学捐赠基金还投资于商品和自然资源，如石油、天然气、农产品和贵金属等。这些资产通常在通胀时期表现较好，可以为投资组合提供额外的保护。

现金和现金等价物：HMC 保持一定比例的现金和现金等价物，以应对市场波动和紧急情况，确保投资组合的流动性。

案例三

牛津大学捐赠基金

牛津大学捐赠基金（Oxford University Endowment Management，简称 OUEM）在过去几十年中也取得了显著的投资成就。牛津大学的投资策略注重长期视角和稳健回报，通过多元化投资和风险管理，实现了可持续的财富增长。

策略与实践

牛津大学捐赠基金的投资策略强调长期投资和资本保值。OUEM

的投资组合包括股票、债券、不动产、私募股权和对冲基金等多种资产类别，通过广泛的资产配置和稳健的风险管理，实现了稳定的长期回报。

投资渠道与工具

股票和债券：牛津大学捐赠基金投资于全球股票市场和高质量债券，通过传统资产实现稳定回报。

不动产：OUEM 大量投资于不动产，包括商业地产和住宅地产，通过长期持有实现资本增值。

私募股权和对冲基金：牛津大学捐赠基金通过私募股权和对冲基金投资，获取高回报潜力和多样化收益来源。

基础设施和自然资源：OUEM 还投资于基础设施项目和自然资源，如交通设施、能源项目和农产品等，通过这些长期资产实现稳健回报。

二、理论支持与启示

上述大学捐赠基金的成功实践表明，多元化资产配置和长期投资视角是实现财富稳健增长的关键。以下是一些重要的理论支持和投资启示。

1. **资本资产定价模型**（Capital Asset Pricing Model，简称 CAPM）：由威廉·夏普（William F. Sharpe）提出的资本资产定价模型解释了资产的预期回报和系统性风险之间的关系。CAPM 帮助投资者评估不同资产的风险和回报，制定合理的投资策略。

2. **有效市场假说**（Efficient Markets Hypothesis，简称 EMH）：由尤金·法玛（Eugene F. Fama）提出的有效市场假说认为，市场价格反映了所有已知信息，因此很难通过主动管理获得超额回报。尽管 EMH 受到一定质疑，但它提醒投资者需要注重长期投资和多元化投资。

3. **行为金融学**（Behavioral Finance）：行为金融学研究投资者的非理性行为及其对市场的影响，帮助投资者理解市场波动和投资决策中的心理因素。

行为金融学强调情绪管理和理性投资，避免盲目跟风和过度反应。

通过上述大学捐赠基金的实践案例，我们可以看到，成功的财富管理需要多元化的资产配置、长期投资视角和稳健的风险管理。投资者可以借鉴这些成功经验，通过科学的财务管理策略，实现财富的多维扩展。

第五章

构建和管理多元化团队

5.1　团队管理的核心：高效协作

　　在财富的加速增长阶段，个人的能力固然重要，但高效协作的团队管理同样至关重要。无论是企业经营还是投资管理，高效的团队协作都是实现目标和提升效能的关键因素。通过建立和管理一个高效的团队，投资者和企业家可以更好地应对复杂的市场环境和多变的商业需求，从而实现财富的快速增长。下文将通过详细探讨团队管理的核心理念、策略以及案例，帮助投资者和企业家构建高效协作的团队。

一、团队管理的核心理念

　　团队管理的核心在于充分发挥每个成员的优势，实现整体效能的最大化。这不仅需要明确的目标和分工，还需要有效的沟通和协调。以下是团队管理的几个核心理念。

　　1. **明确的目标和责任**：每个团队成员需要清晰地了解团队的整体目标和自己的具体职责。明确的目标和责任能够提高成员的自主性和责任感，促进团队的协作和效率。

　　2. **有效的沟通**：高效的团队依赖开放和透明的沟通。团队成员之间需要保持畅通的沟通渠道，及时分享信息、反馈和建议。有效的沟通可以减少误解和冲突，增强团队的凝聚力。

　　3. **多样性和包容性**：团队成员的多样性（包括技能、经验和背景）可以带来不同的视角和创新的解决方案。包容性的团队文化能够鼓励每个成员表达自己的观点，激发创造力和团队精神。

4. **信任和支持**：信任是高效团队的基础。团队成员需要相互信任和支持，建立互助合作的工作氛围。信任能够增强团队的凝聚力并提高合作效率。

5. **持续学习和改进**：高效团队不断追求进步和改进。通过持续的学习和反馈，团队可以不断优化工作流程和方法，提高整体效能。

二、团队管理策略

为了实现高效协作，团队管理者可以采取以下策略。

1. **设定 SMART 目标**：确保团队目标是具体的（Specific）、可衡量的（Measurable）、可实现的（Achievable）、相关的（Relevant）和有时限的（Time-bound）。SMART 目标能够为团队提供明确的方向和动力。

2. **角色和职责分配**：根据每个成员的优势和技能，合理分配角色和职责。确保每个成员都能在最适合的位置上发挥最大的潜力。

3. **定期沟通和反馈**：通过定期的会议和沟通，确保团队成员之间的信息共享和协调。及时反馈可以帮助团队成员了解自己的表现和改进方向。

4. **培训和发展**：提供持续的培训和发展机会，帮助团队成员提升技能和能力。培训不仅能够提高工作效率，还能增强团队的竞争力。

5. **激励和认可**：通过奖励和认可，激励团队成员的积极性和贡献。激励措施可以包括奖金、晋升机会、表彰和团队活动等。

案例一

谷歌的高效团队管理

谷歌（Google）作为全球领先的科技公司，其成功不仅依赖创新的技术和产品，还得益于高效的团队管理。谷歌的团队管理策略为众多企业提供了宝贵的借鉴。

谷歌的OKR管理法

谷歌采用目标与关键成果法（Objectives and Key Results，简称OKR），帮助团队设定和实现目标。OKR是一种目标管理工具，通过明确的目标（Objectives）和关键结果（Key Results）将组织的愿景转化为可执行的行动计划。

目标（Objectives）：是团队希望实现的具体方向，通常具有挑战性和激励性。

关键结果（Key Results）：是衡量目标达成情况的具体指标，通常是可量化和可衡量的。

通过OKR，谷歌能够确保团队的目标与公司整体战略一致，并通过关键结果的衡量，持续跟踪和优化团队的工作绩效。

谷歌的多样性和包容性

谷歌注重团队的多样性和包容性，通过招聘来自不同背景和文化的员工，丰富团队的视角和创新能力。谷歌的多样性策略不仅体现在性别和种族的平衡上，还包括技能和经验的多样化。

为了促进包容性，谷歌在内部建立了多种员工资源组（Employee Resource Group，简称ERG）。这些资源组为员工搭建了交流和合作的平台，增强了员工的归属感和团队凝聚力。

谷歌的信任和支持文化

谷歌强调信任和支持的企业文化，通过灵活的工作环境和开放的沟通氛围，激发员工的创造力和协作精神。谷歌的工作环境以开放和互动为特点，鼓励员工在工作中自由表达和分享观点。

谷歌还提供了丰富的培训和发展机会，帮助员工提升技能和职业发展。例如，谷歌的"20%时间"计划允许员工将20%的工作时间用于探索自己的兴趣和创新项目。这一策略不仅激发了员工的创新力，还带来了许多成功的产品和项目，如Gmail和AdSense。

谷歌的激励和认可机制

谷歌通过多样化的激励和认可机制，激发员工的积极性，认可员工的贡献。除了竞争力的薪酬和福利，谷歌还通过奖金、股票期权和晋升机会等方式激励员工。同时，谷歌定期举办表彰活动，如"感谢星期五"（Thank God It's Friday, TGIF），在全公司范围内表彰优秀员工和团队。

案例二

奈飞公司的团队文化

奈飞公司（Netflix）作为全球领先的流媒体服务提供商，其团队管理和企业文化在业内广受赞誉。奈飞公司的团队文化强调自由与责任，创造了高效协作和创新的工作环境。

自由与责任文化

奈飞公司的企业文化以"自由与责任"为核心。公司相信，给予员工更多的自由可以激发他们的创造力和责任感。奈飞公司鼓励员工自主决策，提供高度的灵活性，同时要求员工对自己的工作和决策负责。

透明和开放的沟通

奈飞公司强调透明和开放的沟通，鼓励员工在工作中自由表达观点和建议。公司定期举办"全体员工大会"，由高层领导与员工分享公司战略和最新动态，并回答员工的问题。这样的沟通方式增强了员工的参与感和信任度。

高度绩效导向

奈飞公司以高度绩效为导向，注重员工的实际表现和贡献。公司通过严格的绩效评估机制，确保每个团队成员都能在自己的岗位上发挥最大潜力。对于表现出色的员工，奈飞公司提供丰厚的回报和晋升机会，而对于不符合公司期望的员工，则需要及时地调整措施。

持续学习和改进

奈飞公司鼓励员工持续学习和改进，通过内部培训和外部学习机会，提升员工的技能和知识。公司还鼓励员工之间的知识分享，建立了强大的内部学习社区。

高效协作的团队管理是实现财富加速增长的关键因素。通过设定明确的目标和责任、进行有效的沟通、倡导多样性和包容性、建立信任和支持以及持续学习和改进，投资者和企业家可以构建高效协作的团队，实现财富的快速增长。通过借鉴谷歌和奈飞公司等知名企业的成功实践，投资者和企业家可以不断优化团队管理策略，提升团队效能，迎接未来的挑战和机遇。

5.2　从执行到领导：
　　　提升个人与团队效能

　　在财富加速增长的过程中，提升个人与团队的效能是至关重要的。成功的领导不仅在于提升个人能力，更在于如何带领团队高效运作，实现共同目标。从执行到领导的转变，是每一个管理者和投资者必须经历的过程。以下将详细探讨个人与团队效能提升的策略，并通过分析知名案例，展示如何实现这一目标。

一、个人效能的提升

　　1．**时间管理**：高效的时间管理能够帮助领导者合理安排工作和生活，提高工作效率。使用时间管理工具，如待办事项清单、日历和时间跟踪应用，可以帮助领导者更好地规划和利用时间。

　　2．**目标设定**：清晰的目标设定是实现个人效能提升的关键。采用SMART目标设定法，能够确保目标明确、可衡量且具有挑战性。

　　3．**决策能力**：领导者需要具备快速且有效的决策能力。通过系统性思维和数据驱动决策，领导者可以减少决策的盲目性和风险。利用SWOT分析（优势Strengths，劣势Weaknesses，机会Opportunities，威胁Threats）等工具，可以帮助领导者全面评估决策的各个方面。

　　4．**持续学习**：持续学习和自我提升是保持竞争力的关键。领导者应积极参加培训、阅读专业书籍、与专家交流，并关注行业动态。持续学习不仅能提升专业知识，还能增强领导者的创新能力和适应能力。

二、团队效能的提升

在提升个人效能的基础上，领导者还需要提升团队的整体效能。高效团队的特征包括明确的目标、良好的沟通、协作精神和高效的执行力。以下是提升团队效能的具体策略。

1. **建立明确的目标和愿景**：团队需要有共同的目标和愿景，以激发成员的工作动力和方向感。领导者应确保团队成员理解并认同这些目标和愿景，并在日常工作中不断强化。

2. **促进有效的沟通**：沟通是团队协作的基础。领导者应建立开放和透明的沟通渠道，鼓励团队成员自由表达意见和建议。定期举行团队会议和一对一交流，可以增强团队的凝聚力和协作精神。

3. **鼓励协作和团队精神**：高效的团队注重协作和团队精神。领导者应通过团队建设活动、跨部门合作项目和团队奖励机制，促进团队成员之间的合作和信任。

4. **提供支持和资源**：领导者需要为团队提供必要的支持和资源，包括培训机会、技术支持和工作环境等。通过为团队成员提供成长和发展的平台，领导者可以提升团队的整体效能。

5. **绩效评估和反馈**：定期的绩效评估和反馈是提升团队效能的重要手段。领导者应通过公平和透明的评估机制，及时反馈团队成员的表现，并提供改进建议和激励措施。

案例

苹果公司的领导力和团队管理

苹果公司（Apple Inc）是全球最成功的科技公司之一，其成功不仅归于创新的产品和技术，还得益于卓越的领导力和高效的团队管理。苹果公司在领导力和团队管理方面的策略，为众多企业提供了极具价值的参考。

史蒂夫·乔布斯的领导力

史蒂夫·乔布斯是苹果公司的联合创始人和灵魂人物，他的领导风格和管理理念深刻影响了苹果公司的发展。乔布斯以其卓越的创新能力和战略眼光，带领苹果公司推出了一系列革命性的产品，如iPod、iPhone和iPad，从根本上改变了多个行业的发展方向。

乔布斯强调产品设计和用户体验的极致追求，他亲自参与产品的每一个细节，确保每一款产品都能达到完美。他的领导力不仅体现在技术创新上，还体现在对团队的严格要求和激励上。乔布斯以其独特的管理风格和高标准，激发了团队成员的创造力和执行力。

苹果公司的团队管理

苹果公司注重团队的高效协作和创新文化，通过一系列管理策略，提升了团队的整体效能。

跨部门合作：苹果公司鼓励跨部门合作，通过项目团队和跨职能小组，促进不同部门之间的沟通和协作。这样的合作模式不仅提高了工作效率，还促进了不同团队之间的创新交流。

创新文化：苹果公司重视创新文化的培育，通过开放的工作环境和灵活的工作方式，激发员工的创造力和主动性。公司鼓励员工提出新想法和改进建议，并通过内部创新项目和竞赛，推动创新实践。

严格的绩效管理：苹果公司实施严格的绩效管理，通过定期的绩效评估和反馈，确保每个团队成员都能在自己的岗位上最大限度地发挥出潜力。公司还通过奖金、股权激励和晋升机会，激励员工的积极性、认可员工的贡献。

员工发展和培训：苹果公司为员工提供了丰富的培训和发展机会，通过内部培训、外部学习和职业发展计划，帮助员工提升技能和职业素养。公司还鼓励员工参加行业会议和交流活动，以此拓宽自身视野并积累人脉。

团队协作的实例

在开发iPhone时，苹果公司成立了一个由设计、硬件、软件和市场等多个部门组成的跨职能团队。这个团队通过紧密合作和高效沟通，解决了产品开发过程中的各种技术瓶颈和市场挑战，最终成功推出了 iPhone，彻底改变了智能手机行业的发展。

以上案例展示了苹果公司是如何通过明确的目标、有效的沟通和协作精神来实现团队效能最大化的。在这种高效的团队协作和创新文化中，推动了自身的飞跃式发展。

5.3 技术赋能与 AI 支持：提升整体绩效与创新能力

在现代商业环境中，技术赋能和人工智能（Artificial Intelligence，简称AI）支持已经成为提升整体绩效和创新能力的关键因素。通过采用先进的技术和 AI 工具，企业和投资者可以优化工作流程，提高效率，创造新的商业机会，并实现财富的快速增长。以下将详细探讨技术赋能与 AI 支持的原理，并通过实际案例展示其在提升绩效和创新能力中的应用。

一、技术赋能的原理

技术赋能指的是利用现代技术工具和系统，提高企业或个人的工作效率和生产力。技术赋能的核心在于自动化、数据分析和协作工具的应用，这些工具可以帮助简化复杂的流程，提高决策的准确性和速度。

1. **自动化**：自动化技术通过将重复性和常规性的任务交给计算机或机器来完成，从而解放人力资源，使员工可以专注于更有创意和战略性的工作。例如，企业可以使用机器人流程自动化（Robotic Process Automation，简称RPA）工具来处理日常的财务报表生成、数据录入和客户服务等任务。

2. **数据分析**：数据分析技术利用大数据和机器学习算法，从大量数据中提取有价值的信息。通过数据分析，企业可以更准确地预测市场趋势、了解客户需求、优化运营决策。例如，电商平台可以通过分析用户的浏览和购买记录，推荐个性化的商品，提升客户满意度和复购率。

3．**协作工具**：协作工具如企业社交网络、项目管理软件和视频会议系统，帮助团队成员之间进行高效的沟通和协作。这些工具可以打破地域和时间的限制，使团队成员可以随时随地进行信息共享并协同工作。例如，Slack、Microsoft Teams 和 Zoom 等工具，已经成为现代企业不可或缺的协作平台。

二、AI 支持的原理

AI 通过模拟人类智能的行为，帮助企业和个人进行复杂的决策和操作。AI 的核心技术包括机器学习、自然语言处理（Natural Language Processing，简称 NLP）和计算机视觉等，这些技术在多个领域发挥着重要作用。

1．**机器学习**：机器学习是一种通过算法和统计模型，自动从数据中学习和改进的方法。机器学习可以帮助企业进行预测分析、模式识别和自动化决策。例如，金融机构可以利用机器学习算法，分析历史交易数据，预测股票价格走势和市场风险。

2．**自然语言处理（NLP）**：NLP 是 AI 的一个分支，旨在使计算机能够理解和生成人类语言。NLP 技术广泛应用于聊天机器人、语音助手和文本分析等领域。例如，客服机器人可以利用 NLP 技术，理解客户的问题并自动提供答案，从而提高客户服务的效率和质量。

3．**计算机视觉**：计算机视觉技术使计算机能够从图像和视频中提取和理解信息。这项技术在自动驾驶、安防监控和医疗影像分析等领域有着重要应用。例如，自动驾驶汽车利用计算机视觉技术，识别道路上的行人、车辆和交通标志，确保行驶安全。

三、实际案例分析

以下是几个实际案例，它们充分彰显了技术赋能以及 AI 支持在提升整体绩效与创新能力方面所发挥的重要作用。

亚马逊公司的物流自动化

亚马逊（Amazon）是全球最大的电商平台之一，其成功不仅在于广泛的商品种类和优质的客户服务，还得益于高度自动化的物流系统。亚马逊公司通过引入自动化仓储和配送系统，大幅度提高了物流效率和准确性。

自动化仓储：亚马逊公司在其仓库中部署了 Kiva 机器人，这些机器人能够自动搬运货架和商品，使得仓储操作更加高效和精准。通过自动化仓储系统，亚马逊公司不仅缩短了订单的处理时间，还减少了人工操作的错误和成本。

智能配送：亚马逊公司利用数据分析和机器学习算法，优化配送路径和时间安排。通过智能配送系统，亚马逊公司能够更快速地将商品送达客户手中，提升了客户满意度和忠诚度。

案例二

谷歌的 AI 应用

谷歌（Google）是全球领先的科技公司，其在 AI 技术方面的应用和创新，为企业和个人带来了巨大的便利和效益。

谷歌搜索引擎：谷歌利用机器学习和自然语言处理技术，不断改进其搜索算法，使用户能够更快速、准确地找到所需信息。通过分析用户的搜索行为和反馈，谷歌不断优化搜索结果的相关性和质量。

谷歌助手（Google Assistant）：谷歌助手是一款智能语音助手，利用 NLP 技术，理解用户的语音指令并提供相应的服务。用户可以通过谷歌助手进行语音搜索、设置提醒、控制智能家居设备等，提升了生活的便捷性和效率。

谷歌照片（Google Photos）：谷歌照片利用计算机视觉技术，自动识别和分类用户的照片，使用户能够更轻松地管理和查找图片。通过 AI 算法，谷歌照片还能生成个性化的照片集和视频回忆，增强了用户的体验。

案例三

特斯拉公司的自动驾驶技术

特斯拉公司（Tesla）是全球领先的电动汽车制造商，其自动驾驶技术在行业中处于领先地位。特斯拉公司通过引入 AI 和计算机视觉技术，提升了车辆的安全性和智能化水平。

自动驾驶系统：特斯拉公司的自动驾驶系统利用 AI 算法和传感器数据，实时分析道路环境和交通状况，自动控制车辆的行驶和操作。通过不断学习和改进，特斯拉公司的自动驾驶系统能够在各种复杂的驾驶环境中做出智能决策，减少交通事故的发生。

OTA 更新：特斯拉公司通过 OTA（Over-the-Air）更新技术，远程为车辆推送软件更新和功能升级。这样的技术不仅提高了车辆的智能化水平，还使得特斯拉公司能够迅速响应用户需求和市场变化，保持技术的领先地位。

通过实际案例的分析，我们可以看到技术赋能和 AI 支持在实际中的巨大潜力和应用前景。这是因为技术赋能和 AI 支持在提升整体绩效和创新能力方面发挥着重要作用。例如，通过自动化、数据分析和协作工具的应用，企业和个人可以优化工作流程，提高效率。此外，AI 技术的广泛应用，也进一步增强了企业的决策能力和创新能力。

5.4 数据驱动的多元化管理：
提高决策的客观性和有效性

在现代商业环境中，数据已成为企业和投资者最宝贵的资源之一。通过数据驱动的多元化管理，领导者可以提高决策的客观性和有效性，从而实现更高的绩效和竞争优势。数据驱动管理不仅涵盖了数据的收集和分析，还包括数据在战略制定和运营优化中的应用。以下将详细探讨数据驱动的多元化管理，并通过实际案例展示其在提高决策质量中的作用。

一、数据驱动管理的核心原理

数据驱动管理是指通过系统地收集、分析和应用数据，支持和优化企业的决策和运营。其核心在于利用数据科学和分析技术，从海量数据中提取有价值的信息，指导业务实践和战略制定。

1. **数据收集**：数据收集是数据驱动管理的第一步。企业需要建立全面的数据收集机制，涵盖内部和外部数据源。内部数据包括财务记录、销售数据、客户反馈等；外部数据包括市场趋势、竞争对手信息、社会经济指标等。现代技术如物联网（IoT）和传感器技术，可以帮助企业实时收集大量数据。

2. **数据分析**：数据分析通过使用统计学、机器学习和数据挖掘技术，从大量数据中提取有价值的信息和模式。数据分析可以帮助企业识别趋势、预测未来、优化资源分配和提高运营效率。例如，通过分析客户购买行为数据，企业可以精准地进行市场营销，提高客户满意度，同时增加销售额。

3. **数据应用**：数据应用是数据驱动管理的最终目标。通过将数据分析的结果应用于实际业务决策，企业可以提高决策的科学性和准确性，优化业务流程和战略。例如，企业可以利用数据分析结果，制定更加精准的市场营销策略、优化供应链管理和改进产品设计。

二、实际案例分析

以下是几个实际案例，生动地呈现出数据驱动的多元化管理在提升决策客观性与增强决策有效性方面所发挥的卓越效能。

案例一

沃尔玛公司的数据驱动管理

沃尔玛公司（Walmart）是全球最大的零售商之一，其成功很大程度上归功于数据驱动的管理策略。沃尔玛公司通过建立强大的数据收集和分析系统，实现了供应链和库存管理的优化，显著提高了运营效率和客户满意度。

数据收集：沃尔玛公司通过其庞大的零售网络和先进的物联网技术，实时收集销售数据、库存数据和客户行为数据。每个门店的POS系统和传感器都在不断记录交易和库存情况，形成海量的数据基础。

数据分析：沃尔玛公司利用大数据分析技术，对收集到的数据进行深入分析。例如，通过分析销售数据，沃尔玛公司可以预测未来的商品需求，优化库存管理，减少缺货和过剩库存的情况。沃尔玛公司还通过分析客户的购买行为，进行精准的市场营销和个性化推荐，提高客户满意度和忠诚度。

数据应用：沃尔玛公司将数据分析结果应用于供应链和运营管理。例如，通过优化供应链物流路径和库存补货策略，沃尔玛公司大幅度降低了物流成本和库存管理成本。数据驱动的决策使得沃尔玛公司能够快速响应市场变化，保持了竞争优势。

案例二

奈飞公司的数据驱动内容策略

奈飞公司（Netflix）是全球领先的流媒体服务提供商，其成功的一个关键因素在于数据驱动的内容策略。通过对用户观看行为和偏好的深度分析，奈飞公司能够精准地制作和推荐内容，提升用户体验和留存率。

数据收集：奈飞公司通过其平台上的用户行为数据，包括观看记录、搜索记录、评分和评论等，实时收集海量的数据。这些数据为奈飞公司提供了深入了解用户偏好的基础。

数据分析：奈飞公司利用机器学习和数据挖掘技术，对用户行为数据进行分析，识别用户的观看偏好和趋势。例如，通过分析用户的观看历史，奈飞公司可以预测哪些类型的内容会受到用户欢迎，从而进行内容制作和采购决策。

数据应用：奈飞公司将数据分析结果应用于内容推荐和制作。例如，奈飞公司的推荐算法根据用户的观看偏好，向用户推荐个性化的内容，显著提高了用户的观看体验和留存率。奈飞公司还利用数据分析结果，制作了多部热门剧集和电影，如《纸牌屋》（*House of Cards*）和《怪奇物语》（*Stranger Things*），这些内容不仅受到了观众的广泛喜爱，也为奈飞公司带来了巨大的商业成功。

案例三

优步的数据驱动运营

优步（Uber）是全球知名的出行服务平台，其成功很大程度上依赖数据驱动的运营管理。通过实时数据分析，优步能够优化车辆调度、定价策略和用户体验，提高运营效率和客户满意度。

数据收集：优步通过其移动应用和 GPS 技术，实时收集用户的出行需求、车辆位置和交通状况等数据。这些数据为优步的运营决策提供了全面和精准的信息基础。

数据分析：优步利用大数据分析和机器学习技术，对收集到的数据进行分析，优化车辆调度和定价策略。例如，通过分析历史出行数据和实时交通状况，优步可以预测高峰时段和热点地区的出行需求，优化车辆调度，减少用户等待时间。

数据应用：优步将数据分析结果应用于动态定价和个性化服务。例如，优步的动态定价算法根据实时的出行需求和供给情况，调整价格以平衡供需，提高了服务效率和司机收入。优步还利用数据分析，向用户提供个性化的出行建议和优惠活动，增强了用户的使用体验和忠诚度。

三、数据驱动管理的挑战与应对

尽管数据驱动管理带来了巨大的优势，但企业在实施过程中也面临一些挑战。

1. **数据质量和完整性**：数据驱动管理依赖高质量和完整的数据。如果数据存在错误、缺失或不一致，将影响分析结果的准确性和决策的科学性。企业需要建立严格的数据管理和质量控制机制，确保数据的准确性和完整性。

2. **数据隐私和安全**：数据隐私和安全是数据驱动管理中的重要问题。企业需要遵循相关法律法规，保护用户的隐私和数据安全，避免数据泄露和滥用。通过加密技术、访问控制和数据审计等措施，企业可以提升数据的安全性和合规性。

3. **数据分析能力和技术支持**：数据驱动管理需要强大的数据分析能力和技术支持。企业需要培养专业的数据科学团队，提升数据分析和应用的能力。

同时，企业还需要投资于先进的数据分析工具和技术，支持复杂的数据处理和分析需求。

4. **组织文化和变革管理**：数据驱动管理的成功实施需要组织文化的支持和变革管理的配合。企业需要在内部营造数据驱动的文化，鼓励员工依靠数据进行决策。通过培训和沟通，企业可以提升员工的数据素养和认同感，推动数据驱动管理的顺利实施。

数据驱动的多元化管理通过系统地收集、分析和应用数据，提高了决策的客观性和有效性，显著提升了企业的绩效和竞争力。通过沃尔玛、奈飞和优步等企业的实际案例，我们可以看到数据驱动管理在优化运营、提升客户体验和创造商业价值方面的巨大潜力。

团队文化是企业发展的基石，优秀的团队文化能够增强团队的凝聚力，提升员工的满意度，从而提高整体效能，实现企业和投资者的长期目标。持续优化团队文化不仅有助于吸引和留住优秀人才，还能激发团队成员的创造力和工作热情。下文将通过一个情景模拟，展示如何持续优化团队文化，并分析情景中的优劣，解释相关理论。

情景模拟

Tech Innovators 公司

Tech Innovators（技术创新者）是一家快速成长的科技初创公司，专注于人工智能和大数据解决方案。公司汇聚了一群充满激情和才华的工程师和科学家，但随着业务的快速扩展，团队面临着一系列的文化和管理挑战。以下是公司在团队文化优化过程中遇到的情景和解决方案。

情景

Tech Innovators 公司最近获得了一笔重要的风险投资，计划在一年内将员工人数从 50 人增加到 150 人。随着公司规模的扩大，原有的团队文化开始出现问题：沟通不畅、团队合作效率下降、员工满意度和工作热情降低。

优点和缺点

优点：公司拥有一批技术过硬的核心团队，充满创新精神。风险投资的注入为公司提供了充足的资金，支持团队扩展和项目发展。

缺点：随着员工数量的增加，团队沟通变得更加复杂，信息传递效率降低。原有的管理机制和文化难以适应快速扩展带来的变化，导致团队协作和凝聚力下降。新员工融入过程缓慢，缺乏归属感和认同感。

解决方案：持续优化团队文化

为了应对上述挑战，Tech Innovators 公司决定从以下几个方面入手，持续优化团队文化，增强凝聚力，提升员工满意度。

明确和传达清晰的价值观和愿景

策略：公司管理层召开全体员工大会，明确公司的核心价值观和愿景，如"创新驱动、合作共赢、追求卓越"。通过公司内部通讯平台、公告栏和员工手册等多种方式，反复传达和强化这些价值观和愿景。

文化理论支持：明确的价值观和愿景能够为团队成员提供共同的奋斗目标和行为准则，增强团队的凝聚力和向心力。

建立开放和透明的沟通机制

策略：引入现代化的沟通工具，如 Slack（斯拉克）和 Microsoft Teams（微软团队软件），确保团队成员可以随时随地进行沟通和协作。设立定期的团队会议和反馈会议，鼓励员工自由表达观点和建议，管理层及时回应和解决问题。

沟通理论支持：开放和透明的沟通能够促进信息的及时传递和共享，减少误解和冲突，提高团队的协作效率。

实施多样化的认可和激励措施

策略：制定多样化的激励措施，如年度奖金、股权激励、晋升机会和表彰活动，激励员工积极进取。引入员工推荐计划，通过奖励员工和向高层推荐优秀人才，提高团队整体素质和归属感。

激励理论支持：多样化的激励措施能够满足员工的不同需求和期望，提升其工作动机和满意度。

推动多样性和包容性的文化建设

策略：在招聘过程中注重多样性，确保团队成员在背景、经验和观点上的多样化。通过多样化的培训和团队建设活动，促进不同背景和观点的融合，增强团队的创新能力。

多样化和包容性理论支持：多样性和包容性的团队文化能够带来更多元的思维和创意，提高团队的创新能力和适应性。

支持持续学习和职业发展

策略：为员工提供丰富的学习和发展机会，如内部培训、外部课程和职业发展计划，帮助员工不断提升技能和知识。设立导师计划，新员工入职时与经验丰富的员工结对，帮助其更快融入团队和企业文化。

学习理论支持：持续学习和职业发展能够提升员工的专业能力和职业素养，增强其对公司的认同感和归属感。

分析与总结

通过上述措施，Tech Innovators公司成功应对了团队扩展带来的文化和管理挑战。以下是优化团队文化后取得的成效。

增强了团队的凝聚力和向心力：明确的价值观和愿景为团队成员提供了共同的奋斗目标，提升了团队的凝聚力。

提高了沟通效率和协作效果：现代化的沟通工具和开放的沟通机制，促进了信息的及时传递和共享，提高了团队的协作效率。

提升了员工的满意度和工作热情：多样化的认可和激励措施满足了员工的不同需求，提升了其工作动机和满意度。

增强了团队的创新能力和适应性：多样性和包容性的文化建设，带来了更多元的思维和创意，提升了团队的创新能力。

促进了员工的职业发展和专业成长：丰富的学习和发展机会，提升了员工的专业能力和职业素养，增强了其对公司的认同感和归属感。

持续优化团队文化是增强团队凝聚力和提升员工满意度的关键。通过明确的价值观和愿景、开放和透明的沟通、多样化的认可和激励、多样性和包容性的建设以及支持持续学习和发展，企业和投资者可以建立高效和谐的团队，实现长期的成功和发展。通过借鉴 Tech Innovators 公司的情景模拟，每个投资者和企业家都可以持续优化团队文化。

第六章

建立持久的财富生态系统

6.1　定期调整和优化投资组合，适应市场变化

在快速变化的金融市场中，定期调整和优化投资组合是实现长期财富增长的关键。市场环境和经济条件的变化会对投资组合的表现产生重大影响，因此，投资者需要通过定期的评估和调整，确保投资组合能够适应新的市场环境和风险状况。下文将详细探讨定期调整和优化投资组合的策略，并通过实际案例展示其在实现财富增长中的作用。

投资组合优化是通过科学的方法和工具，确定不同资产类别的最优配置比例，以实现预期收益和风险的最佳平衡。其核心在于我们前期讲到的资产配置、多元化和风险管理。

为了实现投资组合的优化，投资者应每季度或每半年对投资组合进行全面评估，分析市场环境的变化和投资组合的表现，根据需要进行调整。评估内容包括资产配置比例、投资标的的表现和市场风险等。动态资产配置是根据市场环境的变化，灵活调整资产配置比例。投资者应根据市场趋势和经济周期，增减不同资产类别的比例，保持投资组合的灵活性和适应性。

风险平衡策略是通过平衡投资组合中不同资产的风险，降低整体投资组合的波动性。投资者应根据资产的风险特性，调整投资比例，确保投资组合的风险均衡。再平衡策略是指定期调整投资组合中各资产的比例，恢复原定的资产配置目标。再平衡可以防止资产比例偏离过大，保持投资组合的稳定性。

以下是一个实际案例，展示了定期调整和优化投资组合在实现财富增长

中的作用。

在 2008 年全球金融危机期间，许多投资者的投资组合遭受了严重损失。然而，一些通过定期调整和优化投资组合的投资者，成功避免了巨大的损失，并在危机后实现了快速恢复。

投资者 A 在 2007 年初进行了全面的投资组合评估，发现市场风险逐渐增加，决定减少股票和高风险债券的比例，增加现金和低风险债券的比例。这一调整在金融危机爆发时，显著降低了投资组合的损失。

投资者 B 在金融危机期间采用了动态资产配置策略，根据市场环境的变化，灵活调整资产配置比例。当股票市场大幅下跌时，B 减少了股票的持有比例，转而增加了黄金和避险资产的比例。随着市场逐渐恢复，B 又逐步增加了股票的比例，抓住了市场反弹的机会。

投资者 C 通过风险平衡策略，降低了投资组合的波动性。C 将投资组合中的股票、债券和另类投资按风险特性进行平衡配置，在市场波动较大时，投资组合的波动性明显低于单一资产投资，保持了较为稳定的回报。

投资者 D 定期对投资组合进行再平衡，确保各资产类别的比例保持在预定范围内。在金融危机期间，D 每季度进行一次再平衡，将过度下跌的股票和高风险资产比例调整至合理水平，防止了投资组合的进一步恶化。

通过上述策略，这些投资者不仅在金融危机中有效控制了损失，还在市场恢复后实现了快速增长，展现了定期调整和优化投资组合的巨大优势。

定期调整和优化投资组合是实现长期财富增长的关键。通过定期评估和调整、动态资产配置、风险平衡策略和再平衡策略，投资者可以在不同市场环境中保持投资组合的稳定性和适应性，实现预期的收益和风险平衡。通过实际案例的分析，我们可以看到定期调整和优化投资组合在控制风险和提升回报方面的巨大潜力。投资者应积极采用这些策略，不断优化投资组合，实现财富的长期稳定增长。

例如，投资者在评估其投资组合时，可以发现科技股在短期内表现出色，但其波动性较高，风险也随之增加。为此，投资者可以将部分科技股的收益转移至更为稳定的蓝筹股或债券市场，从而降低整体风险。同时，投资者也可以通过增加多元化资产，如房地产信托基金（REIT）或国际市场投资，进一步分散风险，提升收益稳定性。

再如，当市场处于剧烈波动期时，投资者可以通过增加现金或流动性较高的资产，增强投资组合的流动性和抗风险能力。这不仅能在市场低迷时保护资本，还能在市场回暖时迅速抓住投资机会。通过定期的再平衡，投资者能够确保投资组合始终保持在预定的风险和收益范围内，不至于因市场波动而偏离投资目标。

总之，定期调整和优化投资组合是应对市场变化和实现长期财富增长的有效策略。投资者通过科学的评估和调整，能够在复杂多变的市场环境中保持投资组合的稳定性和适应性，最终实现财富的持续增长和风险的有效控制。

6.2 终身学习和提高职场技能，增强财富管理能力

在不断变化的市场环境中，终身学习和不断提高职场技能是增强财富管理能力的重要途径。无论是个人投资者还是职业理财顾问，持续学习新知识和提升专业技能，都能有效应对市场变化、优化投资决策，从而实现财富的长期增长。下文将详细探讨终身学习和职场技能提升的策略，并通过实际案例展示其在增强财富管理能力中的作用。

终身学习的核心在于保持对新知识和新技术的敏感度，不断更新和优化自己的知识体系。市场经济和金融环境日新月异，投资工具和理财方式也在不断创新，只有通过持续学习，投资者和理财顾问才能紧跟市场动态，做出科学、合理的投资决策。

一、参加各类培训课程和专业认证考试

为了实现终身学习，投资者应积极参加各类培训课程和专业认证考试。金融行业的专业认证如特许金融分析师（CFA）、注册财务策划师（CFP）等，不仅能系统化地提升专业知识，还能提高市场竞争力。通过参加这些认证考试，投资者可以全面了解金融市场、投资分析、资产配置和风险管理等方面的知识，提升专业素养和决策能力。

二、定期阅读专业书籍和行业报告

投资者应定期阅读专业书籍和行业报告，关注最新的市场动态和行业趋

势。金融市场的变化往往伴随着大量的信息和数据,投资者需要通过阅读专业书籍和行业报告,了解最新的市场趋势和投资机会。通过定期阅读,投资者可以不断更新知识体系,提升对市场变化的敏感度。

三、参加行业会议和研讨会

参加行业会议和研讨会也是提升专业技能的重要途径。通过参加各类行业会议和研讨会,投资者可以与业内专家、学者和同行交流,分享经验和观点,获取最新的行业信息和市场动态。这不仅有助于开阔视野,了解最新的市场发展,还能建立广泛的人脉网络,为未来的投资和职业发展提供支持。

四、实践与理论的结合

在提升职场技能方面,投资者应注重实践与理论的结合,通过实际操作不断提升自己的专业能力。金融市场的变化复杂多样,投资者需要通过实践操作,积累经验,提升应对市场变化的能力。通过模拟交易、投资实战和项目管理等实际操作,投资者可以在实践中检验和提升自己的专业技能。

下文将通过一个实际案例,展示终身学习和提升职场技能在增强财富管理能力中的作用。

案例

金融分析师黎先生的职业发展

黎先生是一名金融分析师,毕业于知名财经大学,拥有扎实的金融理论基础。毕业后,黎先生进入一家大型证券公司工作,但随着市场的变化和竞争的加剧,他意识到仅凭学校学习的知识难以应对实际工作的挑战。

为了提升自己的专业能力,黎先生决定参加CFA认证考试。通过系统的学习和备考,黎先生不仅掌握了更加全面和深入的金融知识,还提高了自己的分析和决策能力。获得CFA认证后，黎先生的职业竞争力显著提升，不仅在公司内部获得了晋升，还受到了其他金融机构的青睐。

在工作中，黎先生积极参加各类行业会议和研讨会，与业内专家和同行交流，分享经验和观点。通过这些交流，黎先生不仅了解了最新的市场动态和投资机会，还建立了广泛的人脉网络，为自己的职业发展和投资决策提供了重要支持。

此外，黎先生还通过实际操作不断提升自己的专业技能。在公司的支持下，黎先生参与了多个重要的投资项目，通过项目管理和实际操作，积累了丰富的实战经验。通过不断的学习和实践，黎先生逐渐成为公司的核心力量，成为备受信赖的金融分析师。

通过黎先生的职业发展案例，我们可以看到终身学习和提升职场技能在增强财富管理能力中的重要作用。以下是一些具体的策略和启示。

1. 投资者应积极参加专业认证考试，通过系统的学习和考试，提升专业素养和市场竞争力。CFA、CFP等专业认证不仅能够系统化地提升知识，还能提高职场竞争力，为职业发展提供有力支持。

2. 定期阅读专业书籍和行业报告，关注最新的市场动态和行业趋势。通过阅读，投资者可以不断更新知识体系，提升对市场变化的敏感度。

3. 积极参加行业会议和研讨会，与业内专家、学者和同行交流，分享经验和观点，获取最新的行业信息和市场动态。这不仅有助于开阔视野，还能建立广泛的人脉网络。

4. 通过实际操作不断提升专业技能。模拟交易、投资实战和项目管理等实际操作，能够帮助投资者在实践中检验和提升自己的专业能力。

保持开放和积极的学习态度，随时关注市场和行业的变化，不断提升和更新自己的知识体系和技能。金融市场和投资环境不断变化，只有通过持续学习和提升，才能在竞争中保持领先，实现财富的长期稳定增长。

6.3 复制传奇富豪的财富秘诀

在追求财富增长的过程中，学习和复制那些已经取得巨大成功的富豪们的财富秘诀是一种行之有效的方法。传奇富豪们不仅积累了大量的财富，他们的投资策略、商业智慧以及生活方式也为后来者提供了宝贵的经验和参考。

在这一节中，我们将探讨几位著名富豪的成功故事和核心策略，通过案例分析和理论支持，帮助读者理解如何在实际生活中应用这些宝贵的财富秘诀。

一、案例分析

案例一

沃伦·巴菲特的价值投资

沃伦·巴菲特被誉为"奥马哈的先知"，他以其长期坚持的价值投资策略而闻名于世。巴菲特的成功秘诀在于他对企业内在价值的深刻理解和长期持有高质量公司的信念。他强调投资者应该专注于购买那些在市场低估时被低估的高质量公司，而不是追逐市场热点或短期利益。

巴菲特的投资理念来源于本杰明·格雷厄姆（Benjamin Graham）的《聪明的投资者》，他坚持认为股票市场是短期情绪波动的集合体，而企业的长期价值最终会反映在股价上。巴菲特的伯克希尔·哈撒韦公司通过购买并持有可口可乐、苹果公司等蓝筹股，长期获得丰厚的回报。

在实践中，复制巴菲特的投资秘诀需要投资者具有耐心和独立思考的能力。投资者应该注重企业的基本面，如盈利能力、管理团队质量、市场份额等，而不是被市场情绪左右。同时，保持长期投资的心态，不轻易被短期市场波动动摇，是实现财富增长的关键。

案例二

杰夫·贝索斯的创新精神

杰夫·贝索斯是亚马逊公司的创始人，以其对电子商务和技术创新的远见卓识闻名。贝索斯的成功秘诀在于他不懈的创新精神和对客户体验的高度重视。在贝索斯的领导下，亚马逊从一家在线书店成长为全球最大的在线零售平台，并不断扩展到云计算、AI等高科技领域。

贝索斯曾致力于寻找新方法为客户提供更好的服务。这一理念体现了贝索斯对创新的坚持以及他在经营策略上的前瞻性。通过不断创新，贝索斯不仅创造了巨大的商业价值，也开创了新的市场和行业标准。

对于投资者和创业者来说，贝索斯的故事强调了创新和客户至上的重要性。在投资和商业决策中，保持对新技术和市场趋势的敏感，积极寻找创新机会，可以帮助企业在激烈的市场竞争中脱颖而出。同时，始终关注客户需求，提升用户体验，是实现长期成功的关键。

李嘉诚的多元化投资

李嘉诚，被誉为"亚洲超人"，以其在多个行业的成功投资而闻名。他的投资领域涵盖房地产、零售、电信、能源等，展示了他在多元化投资策略上的卓越才能。李嘉诚的成功秘诀在于他对不同市场和行业的深入研究，以及他在不同经济周期中灵活调整投资组合的能力。

李嘉诚认为他不应该预测市场，而应该适应市场。这一理念显示了他在面对市场不确定性时的务实态度。通过多元化投资，李嘉诚不仅分散了投资风险，也在不同的经济周期中抓住了多种机遇，实现了财富的稳步增长。

投资者可以从李嘉诚的多元化投资策略中学到：在投资中，分散投资可以有效降低单一市场或行业波动带来的风险。同时，通过对不同领域的深入研究，发现其中的潜在价值，并适时调整投资组合，可以实现更加稳健的财富增长。

二、理论支持：行为金融学与富豪的投资行为

在分析这些富豪的成功秘诀时，我们可以从行为金融学的角度来理解他们的投资行为。行为金融学研究的是投资者在不完全理性的情况下如何做出决策，它揭示了心理偏差和情绪对投资决策的影响，如过度自信、损失厌恶和从众心理等。

巴菲特的价值投资策略与行为金融学中的"市场效率假说"形成了鲜明对比。市场效率假说认为股票价格反映了所有可用信息，因此投资者无法获得超额收益。而巴菲特则相信市场存在低效，他通过深入分析企业基本面，寻找被市场低估的股票，实现了超额收益。

贝索斯的创新精神和客户至上理念也可以用行为金融学中的"前景理论"

来解释。前景理论指出，人们在面对收益和损失时的决策行为不同。贝索斯通过关注客户体验，创造了新的市场需求，避开了传统竞争的"红海"，形成了独特的竞争优势。

李嘉诚的多元化投资策略则展示了对"风险分散原则"的应用。行为金融学研究表明，投资者往往无法准确预测市场走势，因此通过分散投资来降低风险是理性投资的核心策略之一。

通过学习和模仿这些富豪的财富秘诀，投资者不仅可以借鉴他们的成功经验，还可以通过理论分析进一步理解这些策略的科学依据。在实际应用中，投资者应根据自身的情况，灵活调整和应用这些策略，避免盲目跟风。

总结来说，复制传奇富豪的财富秘诀不仅需要学习他们的成功经验，还需要理解背后的投资逻辑和市场机制。通过深入研究这些富豪的投资策略和行为模式，投资者可以更好地把握市场机遇，实现财富的稳步增长。此外，不断学习和反思，也是实现长期成功的关键。

6.4　灵活的危机应变与适应力

　　财富积累的道路上充满了不确定性，尤其是在面对经济危机和市场波动时，灵活的应变能力和强大的适应力成为成功的关键。许多著名投资者和企业家通过在危机中的精准判断和果断行动，不仅避免了损失，甚至逆势获利。通过具体的案例和理论支持，我们可以深入探讨这些策略在实际中的应用。

一、案例分析：2008 年金融危机中的应变策略

　　2008 年全球金融危机是一场重大金融事件，许多投资者遭受了巨大的损失。然而，一些具备灵活应变能力的投资者通过独特的策略和判断，实现了财富的保值甚至增值。

案例一

沃伦·巴菲特的逆势投资

　　沃伦·巴菲特是著名的价值投资者，在 2008 年金融危机期间展现了卓越的应变能力。当时，市场恐慌情绪高涨，许多公司股价暴跌。巴菲特却利用这次市场恐慌，以优厚的条件购买了高盛和通用电气的优先股。他坚信，这些公司虽然在短期内遭遇困境，但其内在价值依然强劲，长远来看，市场会回归理性。

　　巴菲特的这一决策不仅帮助伯克希尔·哈撒韦公司渡过危机，还

获得了丰厚的回报。这一案例表明，在市场恐慌时保持冷静，依靠基本面分析做出决策，是克服市场情绪波动的重要策略。

案例二

保罗·都铎·琼斯的对冲策略

保罗·都铎·琼斯（Paul Tudor Jones）是一位著名的对冲基金经理，他的对冲策略在 2008 年金融危机期间发挥了重要作用。琼斯通过对经济数据和市场趋势的分析，敏锐地察觉到房地产市场的泡沫和金融系统的脆弱。他大量持有空头头寸，对冲了市场下行的风险。

在危机期间，当大多数投资者损失惨重时，琼斯的基金却取得了正收益。这一案例显示了对冲工具在应对市场不确定性中的关键作用。对冲策略不仅可以保护投资组合免受损失，还可以在市场下跌时获利。

二、理论支持：行为金融学与市场情绪

行为金融学为理解投资者在危机中的决策行为提供了理论支持。该领域研究了心理偏差和情绪如何影响投资者的决策过程，如过度自信、损失厌恶和从众心理。知名的研究如丹尼尔·卡尼曼（Daniel Kahneman）和阿莫斯·特沃斯基（Amos Tversky）的"前景理论"，揭示了人们在面对风险和收益时的非对称心理反应。特别是在市场危机时，损失厌恶倾向使得投资者更容易做出非理性的抛售决定，进一步加剧了市场的波动。

三、金融实验：市场波动与投资者行为

实验经济学家弗农·史密斯（Vernon Smith）和丹尼尔·卡尼曼的研究

揭示了市场参与者的行为模式。通过实验室模拟市场，他们发现，当市场价格上涨时，参与者往往会增加购买，推动价格进一步上涨，形成价格泡沫。而一旦市场出现下跌，恐慌情绪迅速蔓延，导致参与者急于抛售资产，加速了价格的下跌。这种行为模式解释了市场泡沫的形成和破裂过程。

这些实验表明，市场参与者往往会受到群体行为的影响，做出与基本面相背离的决策。在实际投资中，意识到这种行为偏差的存在，可以帮助投资者在市场动荡中保持冷静和理性。

四、建立灵活的应变机制

在理解市场情绪和投资者行为的基础上，投资者应建立灵活的应变机制，以应对未来的不确定性。以下是建立灵活的应变机制的几种关键策略。

1. **分散投资**：通过将资产分散在不同的市场、行业和资产类别中，投资者可以降低单一风险事件对整体投资组合的冲击。例如，持有一部分固定收益资产和黄金，可以在股市下跌时提供一定的安全垫。

2. **动态资产配置**：根据市场环境的变化，动态调整资产配置比例。市场低迷时，可以增加防御性资产如债券和现金的比例；市场繁荣时，则可增加高风险、高回报的资产如股票的比例。

3. **使用对冲工具**：在市场波动剧烈时，使用期权、期货等对冲工具，可以有效降低投资组合的风险。例如，投资者可以购买股指期货的看跌期权，对冲股票市场下跌的风险。

4. **情景规划与压力测试**：定期进行情景规划和压力测试，模拟不同市场条件下投资组合的表现。这可以帮助投资者提前识别潜在的风险和脆弱点，并制订应急计划。

5. **心理准备与纪律**：保持冷静和纪律是应对市场危机的关键。投资者应当认识到市场波动和不确定性是常态，并避免在市场情绪极端时做出情绪化的决策。建立明确的投资纪律，如设置止损线和盈利目标，可以帮助投资者在危机中保持冷静。

五、进一步的理论支持：市场效率与适应性市场假说

"市场效率假说"提出，所有可用信息都已反映在资产价格中，因此投资者无法通过公开信息获得超额收益。然而，行为金融学和现实市场中的诸多现象表明，市场参与者并非总是理性的，价格也可能偏离基本价值。因此，"适应性市场假说"提出了一个更为灵活的观点，即市场的有效性是动态的，投资者的行为会随着市场条件的变化而变化。

这种理论的应用表明，在不同的市场环境中，投资者应根据当前的信息和情境调整策略。例如，在市场极度波动时，传统的基本面分析可能不如对市场情绪的理解重要。这时，投资者需要依赖更灵活的策略，如利用技术分析、心理分析等来做出决策。

综上所述，通过理解市场情绪和投资者行为，建立多元化和灵活的投资策略，投资者可以在危机中保护和增长财富。在具体实践中，成功的投资者不仅依赖对市场的敏锐判断，更需要有坚韧的心理素质，以应对市场的起伏和挑战。

6.5 社会责任与回馈，创造长期经济价值

在财富积累的过程中，越来越多的投资者和企业家认识到社会责任的重要性。承担社会责任不仅是一种道德义务，也是一种长远的商业策略，可以为企业创造持续的经济价值。尤其是在全球化和信息化的今天，社会责任感和企业形象紧密相连，对企业的长期发展具有深远影响。

一、理论支持：企业社会责任理论

企业社会责任（Corporate Social Responsibility，简称 CSR）是指企业在追求利润最大化的同时，应积极履行社会责任，关注环境保护、员工权益和社区发展等方面。根据著名的经济学家米尔顿·弗里德曼（Milton Friedman）的观点，企业的社会责任主要是增加利润。然而，随着时代的变迁和社会的进步，企业社会责任的内涵和外延也在不断扩展。现代 CSR 理论认为，企业应在法律和伦理的框架内，超越自身利益，为社会和环境创造积极影响。

CSR 理论强调，企业不仅要在财务上取得成功，还要在社会上负责任地行事。企业通过参与社会公益活动、提高员工福利、推动环境可持续发展等方式，不仅能够改善公共形象，还能增强市场竞争力，赢得消费者的信任和忠诚。

二、案例分析：中国企业的社会责任实践

在中国，随着经济的快速发展和社会的不断进步，越来越多的企业开始关注社会责任。以下是几个中国企业在社会责任领域的成功案例，这些案例展示了如何通过承担社会责任，创造长期经济价值。

案例一

阿里巴巴集团的公益事业

阿里巴巴集团是中国最大的电子商务公司之一，也是全球互联网企业的领导者。阿里巴巴集团通过旗下的公益平台"阿里巴巴公益"积极参与社会公益事业。2010年，阿里巴巴推出了"天天正能量"项目，旨在通过平台捐款、技术支持和社会动员，促进社会公益事业的发展。

阿里巴巴集团还推出了"绿色阿里"计划，通过推广电子发票、绿色物流等措施，减少碳排放和环境污染。2018年，阿里巴巴集团宣布将在未来五年内投入100亿元人民币，用于环境保护、社会公益和高新技术。这一系列举措不仅提升了阿里巴巴集团的企业形象，也为企业赢得了更多消费者的信任。

案例二

华为公司的企业社会责任

作为全球领先的信息与通信技术（Information and Communication Technology，简称ICT）解决方案提供商，华为公司在履行社会责任方面也有着出色的表现。华为公司致力于推动全球数字化转型，通过技术创新帮助解决社会问题。华为公司的"未来种子"计划通过提供

教育资源和技术培训，帮助欠发达地区的年轻人掌握 ICT 技能，从而促进全球数字鸿沟的缩小。

华为公司还积极参与环境保护，通过开发节能产品、推广可再生能源技术等措施，降低对环境的影响。2019 年，华为公司发布了"环境保护战略"，承诺到 2025 年将碳排放强度降低 30%。这些措施不仅展示了华为公司在技术领域的领先地位，也突显了其对社会和环境的责任感。

三、理论支持：利益相关者理论与长期价值创造

利益相关者理论（Stakeholder Theory）由罗伯特·爱德华·弗里曼（R. Edward Freeman）提出，该理论认为企业不仅要对股东负责，还要对所有利益相关者负责，包括员工、客户、供应商、社区和环境等。利益相关者理论强调，企业通过满足各方利益相关者的需求，可以实现长期的可持续发展。这与传统的股东至上理论不同，它强调多方利益的平衡和共赢。

在实际应用中，利益相关者理论要求企业在决策过程中考虑多方利益。例如，在制定商业战略时，企业不仅要考虑如何最大化利润，还要考虑如何提升员工福利、保护环境、促进社区发展等。这种全方位的考虑有助于企业建立良好的社会声誉和品牌形象，从而在激烈的市场竞争中获得优势。

四、中国社会责任型投资的发展

在中国，社会责任型投资（Socially Responsible Investing，简称 SRI）也逐渐受到投资者的关注。SRI 是一种投资策略，它在追求经济回报的同时，考虑环境、社会和治理（ESG）因素。近年来，中国的投资者开始重视企业的社会责任表现，SRI 市场逐渐发展壮大。

例如，中国金融机构推出了一系列绿色金融产品，如绿色债券、绿色基

金等，支持环保企业和项目的融资。中国平安集团作为国内领先的金融服务提供商，推出了"平安ESG基金"，专注于投资具有良好社会责任和环境保护表现的企业。平安集团的这一举措不仅符合全球ESG投资的趋势，也展示了其对社会责任的重视。

五、实验与研究：CSR对企业绩效的影响

大量的学术研究表明，企业的社会责任行为对其财务绩效有正面影响。例如，哈佛大学和伦敦商学院的一项联合研究显示，注重CSR的企业在长期内往往具有更好的财务表现和市场表现。这项研究发现，企业在环境保护、员工福利、社区参与等方面的投入，可以提升消费者和投资者的信任，增强品牌忠诚度，最终促进销售和市场份额的增长。

另一项由清华大学经济管理学院进行的研究分析了中国企业的CSR实践与其市场表现之间的关系。研究结果表明，那些在环境保护和社会公益领域有突出表现的企业，往往在市场竞争中更具优势，特别是在吸引和留住高素质人才方面。这些企业通过良好的社会形象，不仅赢得了消费者的青睐，还在资本市场上获得了更高的估值。

六、实际应用：CSR与投资决策

在实际投资中，投资者可以通过评估企业的CSR表现，选择具有长期潜力的投资标的。随着全球投资者对ESG标准的关注度不断提高，具备良好社会责任的企业将更容易获得资本市场的支持。这一趋势在中国也逐渐显现，越来越多的投资者在决策时将ESG因素纳入考虑范围。

例如，投资者可以通过分析企业的可持续发展报告、环境保护措施、员工福利政策等方面的信息，评估其社会责任表现。企业的CSR策略不仅反映了其当前的运营状况，还预示着其未来的发展潜力。因此，在投资组合中增加具有良好CSR表现的企业，可以实现长期的稳定收益。

第七章

克服财富增长的障碍

7.1 财富增长中的常见陷阱

在财富积累的道路上，不少投资者和企业家会遇到各种障碍和挑战。其中一些是可以预见的风险，而另一些则是由于缺乏经验或过于自信而产生的陷阱。了解并避免这些常见的陷阱，对实现财富的可持续增长至关重要。本节将重点讨论三种常见的财富增长陷阱，并结合理论分析，探讨如何有效应对。

一、过度自信与认知偏差

（一）理论支持：认知偏差与行为金融学

行为金融学揭示了人们在决策过程中的常见认知偏差，如过度自信、确认偏见和乐观偏差。这些偏差会导致投资者高估自己的信息和技能，低估市场风险，从而做出不理性的投资决策。

过度自信是指投资者相信自己能够超越市场或其他投资者的平均水平，进而频繁进行高风险投资。这种心理倾向使得投资者在市场上行时容易加大投资力度，而忽视了潜在的风险。例如，在牛市中，投资者可能会因为过度自信而忽略股票估值高企业的情况，并继续购买高风险的股票，这样一旦市场转向，可能会遭受巨大的损失。

（二）应对策略：自我监控与多元化投资

为了应对过度自信，投资者需要进行自我监控和反思，定期评估自己的投资决策过程。使用投资日志记录每次投资的理由和预期，可以帮助投资者在事后回顾时识别出决策中的偏差。此外，多元化投资也是对抗过度自信的有效方法。通过分散投资于不同的资产类别和市场，可以降低由于个别决策失误而导致的整体风险。

二、追逐热点与羊群效应

（一）理论支持：羊群效应与市场泡沫

羊群效应（Herding Effect）是指个体在做决策时受到群体行为的影响，而倾向于跟随多数人的行为。这种现象在金融市场中特别明显，尤其是在市场热点频繁出现时。投资者往往会因为害怕错过机会而追逐市场热点，购买已经大幅度上涨的资产。这种行为不仅推高了资产价格，还可能导致市场泡沫的形成。

一个典型的例子是2000年左右的互联网泡沫，当时大量投资者涌入科技股，导致这些股票的估值远超其实际价值。最终，泡沫破裂，大量投资者遭受了严重损失。

（二）应对策略：冷静分析与独立思考

为了避免羊群效应，投资者需要保持冷静分析和独立思考的能力。在面对市场热点时，不要盲目跟风，而是要深入分析资产的基本面和实际价值。使用基本面分析、技术分析和定量模型等多种工具，可以帮助投资者做出更加理性的投资决策。此外，投资者应设定明确的投资策略和纪律，避免因短期市场波动而轻易改变投资计划。

三、流动性不足与杠杆过高

(一) 理论支持：流动性风险与杠杆效应

流动性风险是指在需要时无法迅速变现资产的风险，尤其是在市场状况不佳时，这种风险会显著增加。流动性不足会导致投资者无法在最佳时机进行交易，从而可能遭受损失。此外，过度使用杠杆，即通过借贷进行投资，也会加剧流动性风险。杠杆的放大效应可以增加潜在收益，但同时也放大了风险。一旦市场逆转，高杠杆投资者可能面临被迫平仓的局面，从而加剧市场波动。

(二) 应对策略：控制杠杆与保持流动性

投资者应谨慎使用杠杆，特别是在市场不确定性较高的情况下。控制杠杆率在合理范围内，可以减少市场波动带来的损失。此外，保持足够的现金或流动性资产，可以在市场环境恶化时提供缓冲，避免被迫在不利的条件下出售资产。

在金融市场中，理性思考和纪律性是实现财富目标的关键。通过理解这些常见的财富增长陷阱及其背后的理论依据，投资者可以采取更加谨慎和理性的策略来管理投资风险。这不仅有助于避免短期的投资失误，也能为长期财富的稳定增长打下坚实的基础。

7.2　过度扩张导致风险增加

在财富增长的过程中，过度扩张往往是一个容易被忽视但却致命的陷阱。过度扩张不仅仅意味着投资过多或分散过广，更意味着在资源、能力和市场的承受范围之外进行无节制地扩展。这种行为通常伴随着巨大的风险，因为它可能导致财务困境、管理失控，甚至整个事业的崩溃。

一、案例分析

接下来我们将通过几个具体的历史案例来深入了解过度扩张所带来的风险。

案例一

雷曼兄弟公司的崩溃

雷曼兄弟公司（Lehman Brothers）曾是美国历史上最有影响力的投资银行之一，其成立于 1850 年，经过一个半世纪的发展，成为全球金融市场的重要参与者。然而，这样一家在金融界举足轻重的公司，却在 2008 年的金融危机中因过度扩张而轰然倒塌。

在 21 世纪初期，雷曼兄弟大力扩展其在房地产市场的业务，尤其是次级抵押贷款市场。次级抵押贷款是指那些发放给信用评分较低、还款能力较弱的借款人的贷款。尽管这些贷款的风险较高，但由于其高收益，雷曼兄弟大举进军这一市场。然而，随着房地产泡沫的破裂，次级抵押贷款的违约率急剧上升，雷曼兄弟持有的大量不良资产迅速贬值，导致公司面临巨额亏损。

雷曼兄弟在房地产市场的过度扩张不仅仅是对风险评估的失误，更是对整个市场环境变化的忽视。为了在短期内获取高额利润，公司高层采取了激进的扩张策略，忽视了市场泡沫和潜在的风险。尽管有内部风险控制和外部监管，但这些措施并未能有效阻止公司的过度扩张，最终导致其在金融危机中倒闭。

案例二

中国的万达集团

万达集团（Wanda Group）曾是中国最具影响力的房地产和娱乐业巨头之一，其在过去几十年中迅速扩展，涵盖了房地产、电影院线、酒店、文化旅游等多个领域。然而，这种迅速的扩张也带来了巨大的财务风险和管理挑战。

在21世纪初期，万达集团在全球范围内进行了一系列大规模收购和投资，包括在美国、欧洲和澳大利亚等地购买高端房地产项目和娱乐资产。与此同时，万达还大力发展国内的文化旅游项目，建设了多个大型主题公园和购物中心。这种大规模的投资和扩张虽然提升了万达的知名度，但也带来了巨额的债务。

随着中国政府对外资流出和高杠杆经营的监管加强，万达集团的资金链开始出现问题。大量的海外投资项目未能如期获得回报，国内的房地产市场也因政策调控而放缓。为了应对资金紧张，万达不得不出售部分海外资产和国内的非核心业务，以缓解财务压力。

二、学者分析：过度扩张的风险与警示

著名经济学家保罗·克鲁格曼（Paul Krugman）在分析雷曼兄弟公司崩溃的原因时指出，过度扩张是金融机构在追求短期利益时常犯的错误。他强调，金融市场的繁荣往往伴随着高风险投资的增加，而这些投资在市场下行时会迅速变成巨大的负担。克鲁格曼认为，雷曼兄弟公司的失败是整个金融体系对风险管理失控的一个缩影，这种失控源于对短期利润的盲目追求和对风险的低估。

经济学家李稻葵在分析万达集团的困境时指出，万达的过度扩张主要体现在其高杠杆经营和全球范围内的盲目收购。他强调，企业在进行大规模扩张时，应充分评估市场环境和自身的财务状况，避免因过度扩张而陷入财务困境。此外，李稻葵还建议，企业应保持适度的现金流和资金储备，以应对市场变化和政策风险。

此外，金融专家纳西姆·尼古拉斯·塔勒布（Nassim Nicholas Taleb）在其著作《黑天鹅》（*The Black Swan*）中也提到，过度扩张往往会增加系统性风险。他指出，金融机构在扩张过程中，往往会忽视小概率事件的发生，而这些事件一旦发生，会对整个系统产生毁灭性的影响，雷曼兄弟公司的倒闭正是由于其在扩张过程中未能有效应对潜在的极端风险，最终导致公司在危机中无法承受冲击。

三、避免过度扩张的方法

为了避免过度扩张带来的风险，投资者和企业应采取以下策略。

1. **进行全面的风险评估**：在进行任何扩展之前，应对市场环境、竞争对手、潜在客户以及自身资源进行全面评估。通过详细的市场调查和数据分析，了解扩展所需的资源和可能面临的风险，从而制订更加合理的扩展计划。

2. **设定明确的扩展目标**：明确扩展的目标和范围，避免盲目追求规模而忽视质量。扩展应以提高业务效率和市场竞争力为核心，而不是单纯为了扩大规模。设定可量化的目标，有助于在扩展过程中保持清晰的方向。

3．**逐步扩展，保持稳健**：采取逐步扩展的策略，避免一次性投入过多资源。通过分阶段扩展，逐步积累经验和资源，减少单次扩展失败带来的冲击。同时，保持资金流动性，确保在遇到意外情况时有足够的应急资金。

4．**建立健全内部控制体系**：完善内部控制和风险管理体系，确保每一步扩展都在可控范围内进行。定期进行风险评估和内部审计，及时发现和纠正问题。建立有效的沟通机制，确保各部门在扩展过程中协调一致。

5．**灵活应对市场变化**：市场环境是动态变化的，扩展过程中应保持灵活性，及时调整策略以应对市场变化。通过监测市场趋势和竞争对手动向，及时调整扩展计划，避免因市场变化导致的过度扩展。

6．**重视人才和团队建设**：扩展过程中需要强大的团队支持，确保在扩展过程中有足够的人才和管理能力。通过培养内部人才和引进外部专业人士，提高团队整体素质和管理水平，确保扩展过程中的高效运作。

7．**保持长期视角**：扩展应以长期利益为导向，避免短期逐利行为。通过制定长期发展战略，保持对市场的深刻理解和长期投资的耐心，避免因短期收益诱惑而进行过度扩展。

雷曼兄弟公司和万达集团的案例为我们提供了宝贵的教训。在财富管理中，过度扩张是一把"双刃剑"，既有可能带来高收益，也伴随着巨大的风险。通过学习历史案例和借鉴学者的分析，我们可以更好地理解过度扩张的危害，从而在实践中采取更加谨慎和理性的策略，实现财富的稳健增长。

7.3　建立有效的预算与储蓄计划

一个切实可行的预算与储蓄计划不仅能帮助你合理分配资源、控制开支，还能确保你在未来有足够的财务保障。一个有效的预算与储蓄计划需要细致地规划、坚定地执行和定期地评估与调整。

一、预算与储蓄的基础概念

预算是对未来收入和支出的计划安排。它帮助你了解每月的资金流动，确保收入和支出在合理范围内。储蓄是将收入的一部分留存下来，以备未来之需。储蓄不仅能应对紧急情况，还能为未来的投资和消费提供资金支持。

二、制订预算计划的步骤

1．**计算收入**：确定你的月收入总额。这包括工资、投资收益、兼职收入等所有收入来源。对于企业来说，这一步还需考虑销售收入、投资回报等。

2．**分析支出**：列出所有固定支出和可变支出。固定支出包括房租、贷款、保险等，每月相对稳定；可变支出包括食品、娱乐、交通等，每月可能波动。

3．**分类支出**：将支出分为必要支出和非必要支出。必要支出是基本生活所需，如住房、食品、交通等；非必要支出则是可自由支配的部分，如娱乐、外出就餐等。

4．**制订预算计划**：根据收入和支出情况，制订一个详细的预算计划。确保必要支出得到充分保障，同时合理控制非必要支出。将每个月的收入减去所有支出，看看剩余多少资金用于储蓄和投资。

5．**设定储蓄目标**：确定每月储蓄的目标金额。一般建议将收入的20%用于储蓄。如果当前的储蓄比例较低，可以逐步增加储蓄比例，直至达到目标。

6．**监控与调整**：定期检查实际支出与预算计划的差异，及时调整预算。记账软件和预算工具可以帮助你实时监控开支，保持预算的准确性和灵活性。

三、储蓄计划的实施

1．**建立紧急预备金**：紧急预备金是应对突发事件的财务保障。一般建议将3～6个月的生活费用作为紧急预备金存入一个安全、流动性高的账户。紧急预备金能在失业、生病等突发情况下提供经济支持，避免财务危机。

2．**设定短期和长期储蓄目标**：根据个人和家庭的需要，设定不同的储蓄目标。短期目标可以是购车、旅游等需要在1～3年内实现的目标；长期目标则包括购房、子女教育和退休等需要5年以上时间实现的目标。

3．**选择合适的储蓄工具**：根据目标的时间跨度和风险承受能力，选择合适的储蓄工具。短期储蓄目标可以选择银行存款、货币基金等低风险产品；长期储蓄目标则可以考虑股票、债券、基金等收益较高的投资工具。

4．**自动化储蓄**：利用自动转账功能，将每月的一部分收入自动转入储蓄账户。这种方法能有效避免因日常开支而忽略储蓄计划，确保储蓄目标的实现。

5．**定期评估和调整储蓄计划**：储蓄计划不是一成不变的，应根据实际情况进行调整。每半年或一年对储蓄计划进行评估，看看是否达到预期目标，并根据收入变化、支出变化和市场环境调整储蓄策略。

四、实际案例：刘莹的预算与储蓄计划

刘莹是一位 30 岁的公司职员，她的月收入为 6000 美元。在经历了一次意外的财务危机后，她决定建立一个有效的预算与储蓄计划。

计算收入和支出：刘莹首先计算了她的月收入和支出。她的固定支出包括房租（1500 美元）、贷款（500 美元）、保险（200 美元），总共 2200 美元。可变支出包括食品（400 美元）、娱乐（300 美元）、交通（200 美元），总共 900 美元。她每月的总支出为 3100 美元。

制订预算计划：刘莹决定将每月的收入分配如下：2200 美元用于固定支出，900 美元用于可变支出，剩余的 2900 美元用于储蓄。

设定储蓄目标：刘莹设定了每月储蓄 2900 美元的目标，并计划在一年内积攒 34800 美元的紧急预备金。她还设定了五年内存下 10 万美元用于购房的长期储蓄目标。

选择储蓄工具：刘莹将紧急预备金存入一个高利率的储蓄账户，并将长期储蓄的一部分投资于股票和债券基金，以获取更高的回报。

自动化储蓄：刘莹利用银行的自动转账功能，将每月的 2900 美元自动转入储蓄账户，确保储蓄计划的稳定执行。

定期评估和调整：刘莹每半年就会评估她的储蓄计划，根据实际情况进行调整。例如，在收入增加或支出减少的情况下，她会提高储蓄比例；在支出增加或收入减少的情况下，她会优化预算，减少非必要开支。

五、理论支持：行为经济学与储蓄行为

行为经济学认为，人们在做财务决策时，往往会受到心理因素的影响。建立有效的预算与储蓄计划，可以通过行为经济学的策略，提高储蓄的成

功率。

1．**默认效应**：人们往往倾向于维持现状。自动化储蓄利用了这一效应，通过自动转账功能，将储蓄行为变为默认选项，从而提高储蓄的成功率。

2．**分散注意力**：将储蓄目标具体化，并将大目标分解为多个小目标，可以减少储蓄过程中的心理负担，提高目标实现的可能性。

3．**奖励机制**：设置适当的奖励机制，可以激励储蓄行为。例如，在达到短期储蓄目标后，可以适当奖励自己，以增强储蓄的动力。

建立有效的预算与储蓄计划，是实现财富增长的基础。通过明确收入和支出、制定合理的预算、设定具体的储蓄目标、选择合适的储蓄工具和定期评估调整储蓄计划，我们可以在财富管理的道路上走得更加稳健和长远。此外，我们可以在借鉴行为经济学的理论基础上，通过自动化储蓄、具体化目标和奖励机制，提高储蓄的成功率，确保财富增长的可持续性。

7.4 有效管理风险和不确定性

在财富增长的过程中，风险和不确定性是不可避免的。无论是在个人理财还是企业经营中，如何有效管理这些风险和不确定性，将成为实现可持续财富增长的关键。在这一节中，我们将探讨如何识别、评估和管理风险，同时提供一些成功案例和理论支持，帮助你在财富增长的道路上走得更加稳健。

一、识别和评估风险

有效管理风险的第一步是识别和评估风险。这包括识别潜在的财务风险、市场风险、操作风险和法律风险等。以下是一些常见的风险类型及其评估方法。

1. **财务风险**：财务风险主要包括现金流风险、债务风险和信用风险等。评估财务风险需要分析财务报表，了解企业或个人的资产负债情况、现金流量和盈利能力。关键指标包括资产负债率、流动比率和利息覆盖率等。

2. **市场风险**：市场风险是指因市场价格波动而导致的风险，如股票价格、利率和汇率的变动。评估市场风险可以通过在险价值（Value at Risk，简称VaR）模型、敏感性分析和情景分析等方法来进行。

3. **操作风险**：操作风险是指因内部流程、系统或人员问题导致的风险，如操作失误、系统故障或内部欺诈等。评估操作风险需要对内部控制体系进行审查，识别潜在的薄弱环节和改进措施。

4. **法律风险**：法律风险是指因违反法律法规或合同义务而导致的风险。

评估法律风险需要了解相关法律法规和合同条款，并确保企业或个人的行为符合规定。

二、风险管理策略

识别和评估风险后，下一步是制定和实施有效的风险管理策略。以下是一些常见的风险管理策略。

1．**分散投资**：分散投资是最基本的风险管理策略之一。通过将资金分散投资于不同的资产类别、行业和地区，可以降低单一资产或市场波动带来的风险。例如，投资于股票、债券、房地产和黄金等多种资产，可以在市场波动时实现风险的分散。

2．**对冲策略**：对冲策略是通过在金融市场上进行反向交易，以抵消其他投资的风险。例如，购买股票的同时，通过期权或期货市场卖出相应的合约，可以在股票价格下跌时减少损失。

3．**保险**：保险是转移风险的有效手段。通过购买适当的保险产品，可以将潜在的财务风险转移给保险公司。例如，人寿保险、健康保险和财产保险等，可以在意外事件发生时提供财务保障。

4．**建立紧急预备金**：与储蓄的基本策略一样，紧急预备金是应对突发事件和不确定性的重要手段。建议将个人或企业收入的一部分作为紧急预备金，以备不时之需。一般来说，紧急预备金应能覆盖至少 3～6 个月的生活或经营费用。

5．**定期评估和调整**：风险管理是一个动态过程，需要定期评估和调整风险管理策略。通过定期审查财务状况、市场环境和内部控制体系，可以及时发现新的风险和改进现有的风险管理措施。

三、成功案例：伯克希尔·哈撒韦公司的风险管理

伯克希尔·哈撒韦公司（Berkshire Hathaway）在沃伦·巴菲特

的领导下，成为全球最成功的投资公司之一。巴菲特在投资过程中，始终强调风险管理的重要性，并通过一系列策略实现了持续的财富增长。

首先，巴菲特注重分散投资。他将资金分散投资于不同的行业和公司，包括保险、铁路、能源、消费品等，从而降低了单一行业或公司的风险。其次，巴菲特善于利用保险业务实现风险管理。伯克希尔·哈撒韦公司的保险业务不仅为公司提供了稳定的现金流，还通过对保险赔付风险的有效管理，转移了部分投资风险。此外，巴菲特始终保持充足的现金储备，以应对市场波动和突发事件。他认为，保持充足的现金储备可以在市场低迷时抓住投资机会，同时在紧急情况下提供财务保障。

四、理论支持：风险管理

风险管理的另一个重要理论是资本资产定价模型（Capital Asset Pricing Model，简称CAPM）。该模型由威廉·夏普、约翰·林特纳（John Lintner）等人提出，旨在解释资产的预期收益与其系统性风险之间的关系。CAPM表明，资产的预期收益应包括无风险收益率和风险溢价两部分，而风险溢价取决于资产的系统性风险，即市场风险。CAPM为投资者提供了评估资产风险和收益的工具，帮助他们在风险管理中做出更加理性的决策。

7.5　设定切实可行的财富目标

财富增长的道路上，设定切实可行的财富目标是关键的一步。清晰而现实的财富目标不仅可以为我们提供明确的方向，还可以激励我们在实现目标的过程中不断前进。无论是个人理财还是企业经营，设定具体、可衡量、可实现、相关和有时间限制的目标都是至关重要的。以下内容将详细探讨如何设定切实可行的财富目标，并提供实际案例和理论支持。

一、目标设定的重要性

设定切实可行的财富目标可以帮助我们在以下方面取得成功。

1．**提供方向**：明确的目标可以指引我们朝着特定的方向努力，避免在财富管理过程中迷失方向。

2．**激励动力**：设定具体的目标可以激励我们不断努力，克服困难，实现既定目标。

3．**评估进展**：具体的目标使我们能够定期评估进展，及时发现问题并调整策略。

4．**提高效率**：有了明确的目标，我们可以更加高效地分配资源和时间，实现最佳效果。

二、如何设定切实可行的财富目标

1．**明确具体的目标**：财富目标应具体明确，避免模糊不清。例如"我要存更多的钱"这种目标过于模糊，不如设定为"我将在一年内存下2万元"。

2. **设定可衡量的目标**：目标应是可衡量的，这样才能评估进展和最终成果。例如，"我要增加收入"应具体化为"我要在一年内通过兼职工作增加1万元的收入"。

3. **确保目标可实现**：目标应是现实的，应考虑到自身的资源和能力。如果目标过于遥不可及，可能会导致挫败感。例如，如果目前的年收入是5万元，不应设定为一年内达到100万元，而是设定为增加到6万元。

4. **确保目标相关性**：目标应与个人或企业的长期愿景和价值观相关。例如，如果长期目标是财务自由，那么短期目标应与此相关，如"我要在五年内还清所有债务"。

5. **设定有时间限制的目标**：目标应有明确的时间限制，规定在何时完成。例如，"我要在2024年12月31日前存下2万元"。

> **案例**
>
> ## 沃尔玛的目标设定与实现
>
> 沃尔玛（Walmart）作为全球最大的零售公司，其成功不仅依赖庞大的市场份额和强大的供应链管理，还得益于其清晰且切实可行的目标设定和实现。
>
> 具体的市场扩展目标：在20世纪90年代，沃尔玛设定了具体的市场扩展目标，即在十年内将其门店扩展到全球主要市场。为了实现这一目标，沃尔玛进行了详细的市场调研，制订了具体的扩展计划，并在每一个新市场都设定了具体的销售和市场份额目标。
>
> 可衡量的绩效指标：沃尔玛通过设定可衡量的绩效指标，如销售额增长率、库存周转率和客户满意度等，来评估其市场扩展的效果。通过定期的绩效评估，沃尔玛能够及时发现问题并进行调整，确保目标的实现。

现实的扩展策略：沃尔玛在扩展过程中，充分考虑了自身的资源和能力，制定了现实的扩展策略。例如，在进入新的国际市场时，沃尔玛通常会选择与当地企业合作，共同发展。这种策略不仅降低了市场风险，还提高了目标的可实现性。

相关的企业愿景：沃尔玛的扩展目标与其长期愿景紧密相关，即成为全球最成功的零售公司。通过设定与愿景相关的目标，沃尔玛确保了每一步的扩展都朝着长期愿景迈进。

有时间限制的目标：沃尔玛为每一个扩展目标设定了明确的时间限制，规定在何时完成。例如，在20世纪90年代初期，沃尔玛设定了在十年内将门店扩展到全球20个国家的目标。通过明确的时间限制，沃尔玛能够更好地规划资源和时间，确保目标的按时实现。

三、理论支持：目标设置理论

目标设置理论（Goal Setting Theory）由洛克提出，认为明确而具体的目标可以显著提高个人和组织的绩效。根据这一理论，设定明确、具有挑战性的目标可以激发个体的内在动机，提高工作效率和效果。

四、避免目标设定中的常见误区

在设定财富目标时，我们应避免以下常见误区。

1. **目标过于模糊**：目标应具体明确，避免使用"增加""减少"等模糊词语。明确的目标更容易理解和实现。

2. **目标过于宽泛**：目标应聚焦于具体的方面，避免过于宽泛。例如，"我要变得更富有"应具体化为"我要在三年内增加50000美元的净资产"。

3. **目标过于理想化**：目标应现实可行，考虑到自身的资源和能力。如果目标过于理想化，可能会导致挫败感和放弃的念头。

4．**缺乏时间限制**：目标应有明确的时间限制，规定在何时完成。没有时间限制的目标往往难以实施和评估。

设定切实可行的财富目标是实现财富增长的关键一步。在财富管理过程中，明确、具体、可衡量、可实现、相关且有时间限制的目标，能够为我们提供方向、激励动力、评估进展以及提高效率。学习沃尔玛等成功企业的目标设定经验，借鉴目标设定理论和前文提到的 SMART 原则，我们可以避免目标设定中的常见误区。

后 记

财富的本质是什么？它是金钱的积累，还是认知的升级？本书从多个维度探讨了财富的构建过程，揭示了财富不仅仅是一种经济现象，更是一种心理认知和思维方式的体现。从财富性格的认知到投资策略的选择，从市场周期的洞察到长期资产管理的布局，我们希望为读者提供一条可行的财富增长路径。

在写作过程中，我不断思考一个问题：为什么有些人能够在复杂的经济环境中游刃有余，而有些人始终被财富焦虑裹挟？答案或许就在于认知的差距。财富不是单纯的运气游戏，更不是简单的数字增长，而是建立在理性思考、科学决策和长期规划之上的体系。我们看到，无论是投资大师沃伦·巴菲特的"价值投资"，还是企业家杰夫·贝索斯对商业模式的深度思考，他们的财富增长并非偶然，而是基于对市场、商业和人性的深刻理解。

财富增长的过程中，认知升级是关键。真正的富人思维并非追求短期暴利，而是长期复利的积累，是对市场的敬畏，是对风险的管理，更是对时间价值的理解。无论是刚刚步入财富积累阶段的年轻人，还是已经具备一定经济基础的投资者，都需要不断审视自己的思维模式，避免陷入短视和情绪化决策。

当然，财富管理并不是冷冰冰的数字游戏，它关乎个人价值、人生选择和社会责任。一个真正成功的财富管理者，不仅关注自身资产的增长，还会思考如何让财富创造更大的社会价值。比尔·盖茨、马斯克等企业家在积累财富的同时，也通过技术创新和公益事业推动社会进步，这是财富的更高维度。

希望本书能够为你提供一些启发，让你在财富积累的道路上更加从容和清晰。财富不是终点，而是一种手段，让我们能够拥有更多选择。愿你在未来的日子里，不仅能够获得财富，也能掌控财富，最终实现真正的财富自由。